U0347232

| 全 书 图 解 |

重新
学会
学习

善用AI新工具
10倍提效

方军　　张华／著

机械工业出版社
CHINA MACHINE PRESS

在 AI 时代，学习正持续发生着巨大变化。对于学习者来说，AI 不仅会带来学习工具的迭代，更会给学习思维、知识整理、创意创造、教育教学带来全新的挑战。本书紧跟技术前沿，旨在成为"AI 辅助学习"的重要著作。作者认为，学习的目的在于"穿透知识、拿到结果"。结合互联网和 AI 的新技术工具，本书以图解形式提供技术变革背景下的学习方法和策略，以帮助读者在一个领域内快速建立知识体系、10 倍提升学习效果。

图书在版编目（CIP）数据

重新学会学习：善用 AI 新工具 10 倍提效 / 方军，张华著 . —北京：机械工业出版社，2024.3（2024.12 重印）

ISBN 978-7-111-75351-3

I. ①重… II. ①方… ②张… III. ①学习方法 IV. ① G791

中国国家版本馆 CIP 数据核字（2024）第 055880 号

机械工业出版社（北京市百万庄大街 22 号　邮政编码 100037）
策划编辑：秦　诗　　　　　　责任编辑：秦　诗　何　洋
责任校对：孙明慧　张　薇　　责任印制：常天培
北京铭成印刷有限公司印刷
2024 年 12 月第 1 版第 4 次印刷
147mm × 210mm · 9.625 印张 · 1 插页 · 188 千字
标准书号：ISBN 978-7-111-75351-3
定价：59.00 元

电话服务　　　　　　　　　网络服务
客服电话：010-88361066　　机　工　官　网：www.cmpbook.com
　　　　　010-88379833　　机　工　官　博：weibo.com/cmp1952
　　　　　010-68326294　　金　书　网：www.golden-book.com
封底无防伪标均为盗版　　机工教育服务网：www.cmpedu.com

AI 时代的学习理念——穿透

我们正身处一场学习的巨变之中,这是堪比古登堡印刷术的巨变。在古登堡印刷术发明之前,知识属于少数人,要学习只能自己去抄写,而之后,印刷书籍让每个人都能更容易地获得知识。AI(人工智能)大模型,特别是生成式 AI 带来的变革"让知识触手可及":你有什么不知道的,问 AI;你有什么想做的,让 AI 做。

我们正站在一条历史性的分界线上,学习将再次被彻底改变。有些我们曾经投入大量时间掌握的知识与技能将只需很少的时间去学习,甚至不再需要学习。此外,有些知识与技能的重要性将会凸显,比如学习的勇气与能力、思考与决断力、理解与运用工具的能力等。

未来,人将会被分成两种:会用 AI 的人与不会用 AI 的人。这放在学习场景中则是掌握 AI 时代学习方法的人与其他人。分野是一步步发生的:有人轻视 AI 等新技术,有人则充满好奇;有人对 AI 心存畏惧，而有人有勇气去学习；有人浅尝辄止甚至误用，有人却在日常工作中有效地将 AI 用起来。更有人通过学习成为 AI 技术与应用的创造者，从而超越其他人。如你所见，每一次分野都与学习紧密相关。

穿透学习法原本是互联网"信息爆炸"时代我们的经验之谈。每天扑面而来的海量信息让我们迷惑，我们不能确信已掌握所学知识并自信地加以运用。面对这个挑战，我们聚焦知识输入与知识输出之间的知识体系，并总结出一系列旨在短期、集中、学透的结构化学习方法。

面对 AI 变革，我们最初的感受也正是相关信息的大爆发，因而自然地用自己的穿透学习法来应对。很快我们发现，穿透学习法同样适用于 AI 带来的"知识爆炸"。这是缘于"穿透"二字所蕴含的学习理念：真正掌握、真正理解、真正会运用。我们还有意外之喜：贯彻穿透理念意味着让自己精通一个个哪怕很小的主题，这让我们对学习有信心。因此，这一次，我们有勇气面对随 AI 而来的大量全新的知识主题。

当然，面对 AI 带来的知识爆炸，面对正在发生的全新学习变革，穿透学习法也需要大迭代。最终，我们的最新探索凝结成本书所介绍的新版本的穿透学习法。值得说明的是，其中的四个要素、三个场景以及几十种具体方法，我们都在如下问题的质问下进行了深入思考：在未来的某一天，如果 AI 的知识技能比现在强 10 倍，我们现在应如何学习？

在 AI 时代，我们需要自问一系列问题：AI 能做什么？ AI 不能做什么？相应地，我们应该做什么？我们能做什么？

斯坦福大学教授吴恩达是世界顶级 AI 专家，他曾是谷歌大脑、百度 AI 的负责人。在 2023 年他的生成式 AI 课程中，关于生成式 AI 能做什么、不能做什么，他给出了一个简单的思维模型：新毕业大学生测试。我们可以设想，现在的生成式 AI 大模型就像一个刚迈出名校大门的聪明的大学毕业生。那么，你给出什么指令它能有效地完成，以及什么指令它不能有效地完成呢？

这个"新毕业大学生测试"背后还有一个有意思的点：在未来，要与 AI 优雅地共舞，我们每个人都要达到甚至超过名校毕业生的水准。很显然，这是一个全新的挑战。在讨论 AI 时代的学习理念时，我们无须重申诸如终身学习比学历证书更重要这样的共识，我们需要在这些共识的基础上有一组全新的学习理念。

指南针 > 地图

无论是接受学校教育，还是为了应对互联网信息爆炸，我们的一个行之有效的学习经验是，获得一张详尽的知识地图很重要。在穿透学习法中，我们会详细地介绍多种在陌生的知识领域快速获得"地图"的方法。

但使用 AI 给我们的教训是，指南针的重要性远大于地图。也就是说，方向比路径更重要。具体来说，如果我们知道方向，我们可以让 AI 去尝试 10 种甚至 100 种路径；如果我们不知道方向，我们甚至不知道如何向 AI 发出指令。

同时，只有当我们知道方向时，我们才能判断 AI 在回答中给出的知识与展示的能力是否符合我们的需要，也才能判断它的回答是否正确。知识的指南针是判断力、判别力、鉴赏力，它们的重要性远大于具体的知识点。

刺猬 > 狐狸

古希腊谚语说："有的人是狐狸，知道很多事；有的人是刺猬，只知道一件事。狐狸机巧百出，不敌刺猬一计防御。"

在互联网时代，我们已经深刻地体会到，真正理解远大于知道很多。这是因为，如果要拼知道的信息量，没有人能拼得过搜索引擎和社交网络。在 AI 时代大门初开的现在，我们已经感受到，如果要拼知识与技能的广度，面对 AI 大模型，我们几乎毫无胜算。

可是，做刺猬而非狐狸，这个道理看起来简单，但知易行难。我们直面正面的敌人，但麻烦来自侧翼的诱惑。互联网让我们接触到很多新信息，我们被吸引去学习很多原本不会接触到的主题。现在，AI 的强大助力更让我们觉得，自己可以轻而易举地学习很多新学科、新技能。但它们带来的后果都是我们在正面投入不足。

面对这样的悖论，我们唯有靠有效的学习理念和韧性来应对：但凡启动一个主题的学习，必须真正做到学透。

有人说，现在每个学习者都应该成为"T 型"人才，即通晓多类知识、精通一类纵向知识。当然，在信息爆炸与知识爆炸的双重冲击下，仅通晓一类知识是不够的，我们或许应该成为"π型"人才，即精通至少两类纵向知识。但是不管怎样，千万不要成为每类纵向知识深度都很浅的"梳子型"人才。

苹果树 > 苹果

很多人在学习时尤其重视实用技巧，这的确是有效的学习方法之一。马上可用的技巧学起来更便捷，我们也能更快地感受到学习成效。

但是，正如在本书中我们所强调的，当我们学习一个主题时，获得知识框架比掌握实用技巧更重要。我们形象地比喻，获得知识框架就像"种下一棵苹果树"，它长大后，每年秋天我们都能收获很多苹果。

在讨论穿透学习法时，我们要重视"知识框架"，这是从实际运用知识的经验与教训中得来的。当我们运用一个知识与技能时，指导我们的是知识框架。在需要复杂知识解决的问题里，我们在哪儿？我们有哪些可用方法？我们完成任务的一系列步骤或所谓的标准操作流程（SOP）是什么？有时候，知识框架也会以形象的类比式思维模型出现，比如学习的过程就像折返跑，完成某项任务就像导演拍电影的全过程等。

在 AI 时代，我们发现知识框架的重要性越发凸显。比如，我们要让 AI 完成一项任务，真正重要的是我们自己要精通相应的知识框架，这样我们才知道如何把任务拆分为小任务，才知道如何评估每步的结果是否符合要求。我们还可以把知识框架教给 AI，让它参照执行。

开车 > 走路

这里我们用开车来比喻使用强大的新技术工具，用腿走路指代使用传统的、常规的方式。说起学习，人们会一方面享受主要由计算机与互联网支持的新技术工具的便利，另一方面又强调传统学习方式的必要性。这样的立场是有道理的。比方说，在互联网时代，通过在线课程比如 MOOC（慕课，即大规模在线开放课程），我们可以快捷地学习到世界名校与知名教授提供的课程，但在缓慢且成本高昂的线下课堂，我们能更明显地看到自己的知识变化和个人成长。

进入 AI 时代后，相对于"走路"，我们必须更加重视"开车"。这不是谁替代谁的问题，它们二者同样重要，但接下来发生的将是以谁为主与以谁为辅的大转换。

让我们简单回顾一下计算机出现以来的学习变化。如马歇尔·麦克卢汉（Marshall McLuhan）所说，一切技术都是人的延伸。那么，我们至少经过了四次升级：最初的电子计算机是手的延伸，它能更快地进行数学计算，这带来了解题方式的变化；互联网带来了记忆的延伸，我们可以在网络上搜索到想要的信息；社交网络则带来了群体智慧的延伸，我们可以在社交网络或即时通信应用中向他人提问；AI 则带来了人类智能的延伸，AI 大模型已经能综合人类现有的大部分知识与技能，让你用一句问话调用出来。

我们认为，不断涌现的 AI 工具至少能让我们的学习效率与学习效果再提升 10 倍。接下来，"开车"将在更多场景中替代"走路"。要去远处时，你会选择开车还是走路？其实，每个人都知道答案。

心 > 大脑

各种新技术工具都是人类的"外部大脑"。当下，这个比喻更能触动我们，因为 AI 比之前的新技术工具更像大脑。这些外部大脑的特点是，它们已经比我们人类的大脑更强大，且知识迭代的速度更快。从成本角度看，这些外部大脑也比人类大脑成本更低。想想你要花费多少时间、精力和金钱才能学会一项新知识。对比而言，如果能高效运用外部大脑提供的知识与技能，学习的成本将大大下降。

在 AI 时代，我们的学习理念要相应地做出改变，我们这里用"重视心要超过重视大脑"来表达这一改变的重要性。在学习中，我们当然要继续训练我们的大脑，但更重要的是训练我们的心。"心"的含义很复杂，这里我们仅是用它的一个方面来与大脑对比：大脑推理，心做选择。

在 AI 时代，我们要学会选择。比方说，读一本书需要的是大脑，而读哪本书需要我们精心做出选择；做一件事需要的是知识与技能，而做什么或不做什么需要我们精心做出选择；我们选择接受普通的答案，还是继续寻找更好的答案，这也需要精心做出选择；面对一个困难的情境，我们能否做出需要勇气的选择，同样，这是心的选择。

此外，心做选择还有一点与大脑推理不同。对于由大脑处理的问题，我们通常可以反复演练，直到找到最佳答案；但是，由心做出的选择通常在时间上是单向的。时间无法倒流，这个世界没有如果。

未来，如果多数人都能有效地利用外部大脑，那么最终决定差距的将是每个人做出的选择。你应该注意到了，你的这类选择是 AI 做不到的。因此，在 AI 时代，在学习中重点训练自己的选择能力将让你更有力量。

总的来说，我们所倡导的穿透学习法是基于如上理念的一组学习方法，能帮助你将所学内化为知识体系、思维模式和工具运用能力。

未来学习者与个人学习机器

让我们用两个公式来结束这篇前言，并为你开启穿透学习法的大门。

$$未来学习者 = (目标 + 认知 + 责任) \times 技术工具$$

在 AI 时代，我们要成为以上公式所示的未来学习者。它意味着，我们要有目标，要训练并提升自己的认知，要能承担行动的责任。

同时，有效运用技术工具是一个能将学习效果提升 10 倍的变量，这就是为什么它前面的符号是乘号。现在我们已经有了很多强大的新技术工具，而 AI 是最新、最强大、最具颠覆性的一个。未来将人区分开来的，是能否学会并用好 AI 这个外部大脑的强大智能。

$$个人学习机器 = 你 \times SOP \times 技术工具$$

我们每个人都要建立自己的高效学习机器。你可以把以上公式右边看成一个三角形，它有三个角：你、SOP（标准操作流程）、技术工具。你是这个机器中的一环，也是这个机器的设计者与维护责任人。你会发现这个公式与常见的学习观点不同，通常的学习将你看成全部，而这里你仅仅是个人学习机器的一环。相应地，我们学习不仅是为了自己掌握更多的信息、知识与技能，还包括从整体上不断优化这个机器，让它运转得更好。

把个人看成机器这个想法源自瑞·达利欧（Ray Dalio）的《原则》一书。当然，个人学习机器的三个组成部分是我们总结的。达利欧告诉我们一个迭代机器的方法：持续地观察机器的实际结果与预期目标之间的差距，然后返回去调整与优化机器，缩小差距。本书接下来所讲的学习方法，是帮你打造上述三角形各个角的方法，也是调整与优化个人学习机器的方法。希望它们能帮你在 AI 时代建立起自己的学习系统。

总之，面对 AI 时代的学习挑战，我们的建议是：

- 穿透每个学习主题。
- 更新你的学习理念。
- 善用新的技术工具。
- 打造你的学习机器。

方军

目录

>>>

第三部分　穿透学习的三场景

第四部分　用穿透建立你的学习系统

PART 1

穿透学习法
如何学透一个主题领域

技术改变学习
如何用 AI 加速你的学习

———

第一部分

在 AI 时代如何学习

第一章

穿透学习法

如何学透一个主题领域

学习在持续发生巨变，我们需要新的学习方法。

在学习上，困扰你的问题是什么？很多人会认为，问题是有太多的东西要学，解决之道是挤出更多的时间学习。结果是，我们作为学习者疲于奔命。有人认为，问题是缺少学习资源，解决之道是寻找更好的学校课程与在线课程。其实，我们比过去任何时候都能更容易地接触到更好的课程。也有人认为，问题是缺少学习技巧，解决之道是掌握更多的技巧。但是，这些学习技巧很难转化为你自己的学习能力与学习成果。

其实在学习上，真正困扰我们的是不能确实掌握所学知识并自信地加以运用。知识与信息越来越多，我们学得也越来越多，知道得却越来越少，因而对自身所学知识的信心也相应地处于低谷。面对这样的情况，可行的解决之道是真正地学会你决心去学的每一个主题。不管你要学的是一种新知识、一个新工具还是一项新技能，均应如此。

那么，如何才能做到真正学会？学习一个主题领域的过程是从知识输入到知识体系，再到知识输出。知识输入与知识输出这一头一尾常被学习者重点关注，而我们认为，处于二者之间的知识体系才是学习的突破口，如图 1-1 所示。

以掌握一个主题领域的知识体系为学习目标，并以它来贯穿学习的全过程，我们能更好地学习与实践。有了知识体系，它能将我们学到的知识点有序地组织起来，有时它甚至能自动地吸附新的知识点；有了知识体系，我们在需要时可以随时补充学习新的知识点。你会发现，在实践中指导你的是知识体系，而不是单个的知识点。

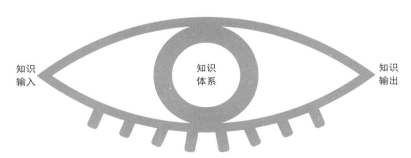

图 1-1　穿透学习法：着眼于知识体系，旨在短期、集中学透的结构化学习方法

学习时应重视知识体系并强调输出，众多学习方法都秉承这样的理念。而穿透学习法的特别之处是，我们深切地体会到，"知道"不意味着就能"做到"，因此我们围绕知识体系提供了一组结构化学习方法，让你能更好地获得一个主题领域的知识体系。结构化指这些学习方法通常有着统一的思路与清晰的步骤，让你可以轻松将它们用于自己的学习。

这些方法包括费曼空白笔记本法、深度复制五步、冲刺学习法、冲刺阅读法、技术工具的学习、提问技能的学习及编写个人知识指南等。在学习全过程中，它们能帮你将外部的知识体系转化成自己的。

除了关注知识体系与提供结构化学习方法之外，穿透学习法还有一个重要的特点——它尤其强调技术工具在学习中的运用。

现在，我们的学习内容不再仅包括知识与技能，学习使用技术工具（如电脑、互联网、编程、软件、专业设备等）已经成为学习内容的三个主角之一，同时，我们要学的知识与技能也多与新技术工具有关。

更重要的是，技术工具对我们的学习成效影响巨大。穿透学习法认为，用好新技术工具，可以将学习效果提升 10 倍以上。基于经验总结的传统学习方法和基于认知科学的新学习方法有很多，与这两类学习方法不同的是，穿透学习法既借鉴了大量的经验方法，也运用了来自认知科学的观点与方法，但它特别重视新技术工具。

你现在看到的是"穿透学习法 2.0"[⊖]。我们之所以快速完成它的升级迭代，并写成一本书，一个重要推力正是 AI，生成式 AI 能够大幅提升我们学习的效率与效果。AI 正在重塑全世界从大学到中小学的课堂，正在改变每个人的学习方式。我们甚至认为，如果能巧妙地将其运用在适合之处，在最乐观的情况下，生成式 AI 甚至能给你的学习带来百倍的效果提升。

生成式 AI 给学习带来什么

AI 的起源可追溯到 1950 年，这一年计算机科学家艾伦·图灵提出如下问题：机器能像人一样思考吗？ AI 在过去的十多年飞速发展，并在 2022 年跨过了一个关键的转折点，开始直接影响个人的学习。

一个直观的变化是：在 2022 年之前，我们有问题时可以询问老师或同学、用搜索引擎搜索、在社交网站提问；在 2022 年年底之后，我们可以问 AI 聊天机器人。它的背后是大语言模型（Large Language Model，LLM）这一类别的人工神经网络模型，因此，它能理解人类的语言，能用人类的语言精准回答，并且其回答效果还在持续改善。

相较人类知识的演变历程，这些变化是在相对很短的时间里发生的。2012 年，深度学习（指具有较多层次的人工神经网络模型）正式崛起，随后 AI 在机器翻译、语音识别、图像识别、图像生成

⊖ 2020 年机械工业出版社出版的《穿透式学习》一书中，方军讨论了穿透学习法的学习之旅模型及多种方法。

等领域取得了重大突破。2016 年，采用强化学习（指由机器自行根据环境反馈调整策略）的围棋机器人 AlphaGo 战胜了人类围棋世界冠军的消息成为全球主流媒体的头条。

真正的巨变自 2017 年开始酝酿。这一年，8 位来自谷歌和多伦多大学的研究者在学术会议上发表了论文《注意力是你所需要的一切》（Attention Is All You Need），他们提出了当时主要针对机器翻译和语言理解问题的一种名为转换器（Transformer）的新人工神经网络架构。但这篇论文仅作为展板上的张贴论文发布，并没有获得口头报告的机会。几年后，研究者们认识到了它的革命性，它的谷歌学术引用次数超过 9 万次。基于这一架构发展出了多种生成式 AI 模型，其中图像模型能根据文本要求生成高质量的图片，大语言模型能理解和回答人们提出的问题。

2022 年年底，OpenAI 公司推出了基于大语言模型的 AI 聊天机器人 ChatGPT。ChatGPT 推出仅两个月，月活跃用户数量就突破了 1 亿人，成为截至目前用户增长速度最快的消费级应用。国内外的公司包括微软、谷歌、百度、腾讯、阿里巴巴、智谱 AI、科大讯飞等也纷纷推出了大语言模型及应用。本书不是专门介绍关于 AI 产业发展的，在此就不一一介绍各种模型与产品了。简言之，大众已经迫不及待地使用这些 AI 产品了。现在，只要打开网页或下载 app，你就可以方便地使用各种 AI 产品。

我（作者之一方军）是一个坚持不懈的学习者，也是一个 AI 研究者与实践者。作为学习者，在过去的十年中我出版了十多本书，每本书都是我深入穿透一个全新主题的学习成果。现在，在 AI

和学习的交叉点，我强烈地感受到 AI 给学习带来的众多新的可能性。

借助 AI，我们能更有效地克服学习中的疑点与障碍。AI 可以即时、有针对性地解答我们的各种疑问。教育领域的研究早就证明，一对一辅导可以大幅提高学生的学习效率。[⊖]现在，AI 让每个人都能轻松获得一对一的针对性辅导，这可以减少我们学习几乎任何知识的阻力。我们不再需要花费相当多精力学习那些可即时获得的知识了。因此，我们可以将宝贵的时间、精力、认知能力用于真正需要深入学习的主题。

让我们通过一个形象的类比来进一步了解，即如图 1-2 所示的穿透"知识的负担"大山。

现在的人学习时，面对着一座巨型的知识大山。

随着人类的知识边界不断扩张，创新的速度和数量也在不断增加，这无疑是一件好事。但也带来一个大问题：我们要学的东西越来越多，要达到知识的前沿并做出创新突破，我们个人要经历长时间的教育与培训。以物理学为例，与 100 年前相比，现在我们要学的知识的广度和深度都大大增加了。

⊖ 能即时、有针对性地对我们的问题给出回答，是 AI 助力学习的重要方式。1984 年，本杰明·布鲁姆（Benjamin Bloom）在其教育实验中从定量角度证明，一对一辅导的教学组的平均分明显优于传统教学组，差距达到两个标准差。这就是所谓两个标准差问题（Two Sigma Problem）。通俗地说，如果传统教学组的平均分是 70 分，标准差是 10 分，那么一对一辅导的教学组的平均分可能接近 90 分。

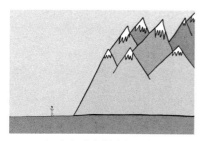

a）面对"知识的负担"大山

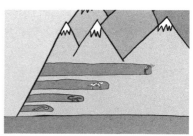

b）挖掘"知识的负担"大山

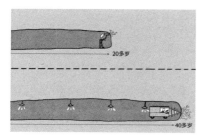

c）"知识的负担"悖论：做出重大
创新的平均年龄增加了

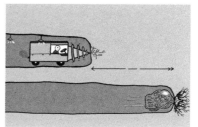

d）AI是挖掘"知识的负担"大山的
爆破工具

图 1-2 穿透"知识的负担"大山——AI 作为学习工具的
潜能是现有学习工具的 100 倍

资料来源：根据马里奥·加布里埃莱文章中的图片调整编辑而来。

经济学家本杰明·琼斯（Benjamin Jones）将这种现象叫作"知
识的负担"。他指出，这种不断增长的"负担"正在减缓创新，
因为伟大的发明家没有足够的时间去创新。发明家做出重大
发明的平均年龄显著增加了：1900 年，重大发现的巅峰年龄在
20 ～ 30 岁；而 2000 年，这个年龄已经上升到近 40 岁。

网络媒体"通才"的创始人马里奥·加布里埃莱（Mario Gabriele）
用形象的类比将"知识的负担"展示了出来：我们面对的知识像

一座我们要努力穿透的大山，我们试图挖掘一条能穿过大山的隧道。我们人类在穿越知识的大山，而在动物王国中，其他动物，比如蠕虫、蜥蜴、狗也要穿越自己的知识大山。比起它们，人类的学习拥有强大的技术工具，比如纸与笔、纸质书、图书馆、学校、科研体系、计算机、互联网等。

每一种新的技术工具都大幅提升了我们学习的效率。例如，用电脑记笔记便于搜寻，能方便地与其他人分享；用搜索引擎查询资料远比在图书馆里翻找书籍方便；论文网络数据库也早已让曾是高科技的缩微胶片论文库不见踪影。

麻烦的是，人类的新知识积累得太快了。我们面对的学习悖论是：虽然看起来我们拥有越来越强大的学习工具，但我们反而感觉越来越赶不上知识的变化。我们在终身学习，但几乎是精疲力竭地追赶着新知识。比如，AI 的出现就又带来了大量新知识。AI 领域出现大量论文，有时夸张到一天有几十篇新论文；AI 教科书的最后几个章节几乎要全部被重写，AI 也在改写很多领域的教科书。天啦，又多了很多要学的东西。

换个视角则可以看到不一样的图景：放在人类知识和学习的发展历程中，AI 带来了一种截然不同的现象，过去的工具仅是帮我们更好地处理知识的负担，而 AI 带来的变化，用马里奥的话说就是"AI 没有知识的负担"。

生成式 AI 模型是用人类已有的几乎所有书面资料和数据训练而成的。从逻辑上讲，它不仅了解并理解几乎所有的人类知识（当然掌握得还不太好），还可以高效地整合、重组和调用这些知识。如果把它看成一个人的话，它就不像人类学习者那样要面对"知识的负担"。

如果一个学习者能巧妙地运用 AI 工具，他也可以没有知识的负担，并将仍在与知识的负担奋战的其他学习者甩在后面，直接去探索知识领域的最前沿。以编程为例，你可能还在一行行地写最初版的代码，但有的程序员已经利用 AI 编写完了，在进一步做测试与调试；你可能还在一点点地定位运行错误，而 AI 一秒钟就分析完了错误信息，并给出了几种可能的解决方案。

如图 1-2 所形象地展示的，现在的人类有挖掘隧道的先进机械，但 AI 能以近乎爆炸式的速度往前推进。现在的问题不是 AI 是否会改变学习，而是使用 AI 的学习者会比现有的学习者快 10 倍，还是快 100 倍？

现在，我们每个人都必须重新思考如何学习。

我们把如何将 AI 用于加速学习的话题留到下一章，本章先来深入看一看知识体系。开始使用 AI 后你会立刻体会到，如果你自带一个主题领域的知识体系，它能以比人类快十倍的速度帮你解决问题；如果你没有，那不仅 AI 很难帮上你，你还可能被它的错误回答误导。

知识体系：种下一棵知识树

让我们仔细看看知识体系。知识体系在不同场景有不同含义：它可以指人类的所有知识，大型图书馆就是这样层次的知识体系的有形展示；它可以指一个学科的知识体系，例如从小学到中学再到大学的数学学科的知识体系；它也可以指一个人全部的知识体系，即一个人在学校教育、工作实践、业余爱好中学到的一切。

在本书中，知识体系是指一个单一主题或细分领域的知识框架。这个定义有两个关键词：细分领域和知识框架。我们在谈知识体系时，前面其实都有一个定语，即"关于某一主题或某一领域的"。知识体系的最优形式是层级式大纲，因而我们也称其为知识大纲。

在说到学习时，我们也常用"认知"这个词，例如，"经过学习，我的认知得到了提升""他的认知水平很高，我要向他学习"。认知是一个不错的表述，但人们常有一个小小的困扰：认知究竟指的是什么？我们这里不用"认知"这个说法而用"知识体系"，是试图将学习的内容固定到一个容易界定的名词上，并且，我们不能只停留在接受这个名词上，还要再试着让它更具体一些。让我们接着往下看。

关于知识，有一个广为人知的 DIKW 分类框架：数据（Data）、信息（Information）、知识（Knowledge）、智慧（Wisdom）。数据是未经处理的原始资料；数据经过处理之后变成信息；信息经过分析总结后变成知识；智慧则是对知识的洞察与运用。

人们用各种方式来理解这个框架，其中一种有趣的分析如图 1-3 所示，它分别展示了信息、知识、智慧和新增加的作用（Impact）。

其中，知识是发现信息之间的连接；智慧是知道运用什么知识及如何运用；人类的行动应该发挥作用或者产生影响。以考试为目标的学习为例，信息是课本上的内容，知识是你学到脑中的内容，

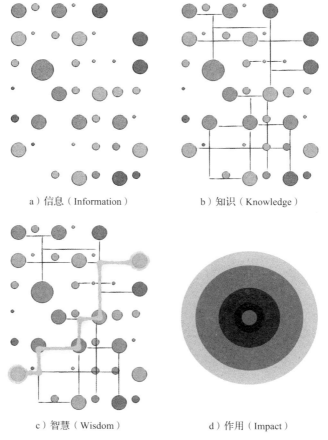

a）信息（Information）　　　　　b）知识（Knowledge）

c）智慧（Wisdom）　　　　　　　d）作用（Impact）

图 1-3　信息、知识、智慧、作用——知识框架

资料来源：根据 Gapingvoid 的图示重绘，原图包括数据、信息、知识、洞见、智慧、作用六个层次。

智慧是你理解的内容，作用是考试时你能正确作答的内容（以及你的分数）。

信息与知识之间的关键区别是图 1-3 中那些点下面用线条表示的知识框架。让我们拉近镜头，仔细看一看知识框架。

每个主题领域的知识都可以组织成如图 1-4 所示的树形结构。从下往上看，信息被总结梳理成知识点，知识点又被组织成更大的知识点从而形成知识框架。最终，它们集合起来有了一个名字，这个名字通常意味着一些核心概念与原则，图中我们称之为这个主题的"知识核心"。

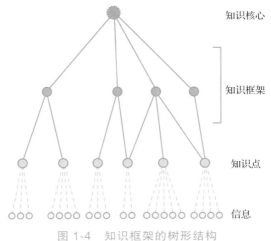

图 1-4　知识框架的树形结构

你或许认为，学习就应该掌握知识核心。它们的确很重要，但这么学有一个小问题。回想一下，我们在学每一门知识的最开始时都会被告知一些重要概念与原则，但如果没有深入学习，你会发现，它们似乎对你没有什么帮助。你也许记得住，但它们究竟意味着什么则是模糊的，更不要说运用了。

务实的学习者的做法是，抓住中间的那个部分，即图中"知识框架"的部分。它包括那些大的知识点，也包括它们与其他知识点之间的关系。学会了这些之后，我们才会发现，每一个核心概念与原理原来是那么有用。掌握了知识框架，我们才能更有效地运用所学的知识。

回想一下，无论是线下的学校课程还是线上的视频课程，那些优秀的老师都会在很短的课程时间里尽量讲明白这部分，为我们将知识的脉络勾勒出来。不过，老师只能将外部的知识框架呈现给我们。将外部的知识变成我们自己的，是每个学习者的责任。穿透学习法的各种方法都旨在帮助你快速且高效地将外部的知识体系变成自己的知识体系。

现在我们知道了，学习要聚焦知识体系，或者更具体地说，聚焦知识框架。让我们用形象的类比再看一看，这里将一个主题领域的知识看成一棵大树，如图 1-5 所示。

单个叶片是主题的具体知识点，它们数量庞大且易于获取；树上的果实是能直接应用的实用知识点，目的明确的学习者会迅速摘取食用。

站在巨大的树荫下，每一个叶片、每一颗果实都激发了我们的好奇心。不过，这些单独的叶片和果实虽然能让我们有收获，但要想真正学透，不能满足于此。

知识：一棵大树的比喻

- 叶片：主题的具体知识点
- 果实：能直接应用的实用知识点
- 树干：主题的主要知识框架
- 主枝：子主题的知识框架
- 根系：主题的知识基础

图 1-5　将一个主题领域的知识比作一棵大树

我们要绘制出"树干"与"主枝"。大树的树干相当于这个主题的主要知识框架；主枝从树干延伸出来，代表子主题的知识框架。

隐藏在地下的根系则是这一主题的知识基础。它支撑着整棵树的生长，根越深，树越稳固。

严格来说，知识体系包括树干、主枝、叶片、果实和根系，而知识框架则仅包括树干与主枝。你已经了解了知识体系与知识框架的微妙区别，后面我们将不再细分两者，接下来说到知识体系时，通常仅指树干与主枝这两个部分。

用大树的比喻可形象地看到，我们可将学习的目标设定为深入理解树干与主枝，即一个主题的知识体系，用它来让自己更有条理地吸纳、整合和应用所学知识。

如果一开始猛学树根部分，我们会发现越学越深、越学越难，可能还没到主枝部分就半途而废了。一开始先尝点果实是好的，这可以让我们保持学习的兴趣。但如果只采果实，比如靠死记硬背学会了一些，就会有一个疑问一直困扰我们：遇到别的情况我还会吗？仅收集叶片更是糟糕的学习策略，因为要记忆的内容数量庞大，我们却无法将它们联系起来形成自己的理解。

相反，掌握了树干与主枝后，我们可能用 10 分钟就可以快速学会一个叶片。在信息时代，我们学会一个叶片需要的时间可能更短，搜索引擎、社交网络、笔记、AI 等工具都让我们能更快获得具体的知识点。

总之，聚焦树干与主枝是有效的学习策略。掌握了知识体系，你就能自信地运用这个主题领域的知识。聚焦于它们也让短期、集中去学透知识是可行的，一棵知识树会有很多叶片，但树干与主枝是明确的。在接下来穿透学习法的各种方法中你也会发现，知识体系是学习过程的主角。

在《轻松主义》中，格雷戈·麦吉沃恩也用了树干与主枝的比喻，他还将这种主要原则的学习方法形象地说成"种下一棵知识树"，本节标题就借鉴自他[○]。在创办航天公司 SpaceX 与电动汽车公司特斯拉之前，埃隆·马斯克并没有这两方面的专业背景，他是如何快速学习这些知识的？马斯克说："我认为大多数人能学到的东西比他们想象中的要多得多。重点是要把知识看作一棵树，在你获取树叶也就是具体的知识点之前，确保你已经理解基本原理，

○ 资料来源：麦吉沃恩.轻松主义［M］.范兆明，译.北京：中国财政经济出版社，2022.马斯克的故事也转引自该书。

也就是树干和主枝。要不然，树叶就无枝可依了。"

了解穿透学习法的思路是着眼于知识体系之后，现在让我们再一起看一看，穿透究竟意味着什么呢？

穿透意味着什么

穿透意味着，在一个主题领域中，你有了一个正确的、完备的、属于你自己的知识体系。你对它有充分的信心，它也能正确指导你的行动，让你获得成果。

穿透意味着全面掌握一个主题的知识体系，学透一个主题的方方面面，能真正掌握关键的知识点，没有一丝不明白之处。当然，我们指的是要完全掌握前面大树类比所说的树干与主枝部分，而叶片、果实则可选择部分必要的。这也是各种新技术工具给学习带来的变化：你不必记住所有的一切，因为你可以随时查笔记、搜索或问 AI。

穿透也意味着我们要不断地更新知识体系，学习新的、修正有问题的、丢掉过时的。我们要清晰地知道知识体系中还有未知的部分，要持续学习。同时，随着时间推移，又有新的知识冒出来，也有已有的知识被废弃。如果你在一个主题领域中建立了自己的知识体系，却从不更新，你会很快发现你拿着的是一张过时的地图。

穿透更意味着，我们要在一个主题领域中培养出高水平的认知。之前我们提到，认知这个说法略显模糊，因此我们尝试更具体地界定这里所说的认知，这种高水平认知具体包括以下四个方面：直觉判断力、理性判别力、鉴赏力和学习的信心。

直觉判断力。在遇到问题时，我们能凭借近乎直觉的判断力直接做出正确的预测：这个问题可能怎么解；或者在看到一个答案时，我们能直觉判断它对还是错。这并非纯粹的直觉，而是内化了的知识体系协助我们快速做出判断。

理性判别力。面对一个问题，我们能有条理地进行解答，也就是说，我们能逻辑清晰地判断答案的对与错。例如，当我们读到书中的一个观点，看到作者的论证过程时，我们能从逻辑上判断他的论证是否能支持该观点。调换下角色，当轮到我们阐述看法时，我们也能做到逻辑清晰、观点明确。

心理学家基思·斯坦诺维奇（Keith E.Stanovich）和理查德·韦斯特（Richard F.West）等将人类大脑的运行系统分成"系统1"与"系统2"，而诺贝尔奖得主、心理学家丹尼尔·卡尼曼（Daniel Kahneman）的《思考，快与慢》一书让更多人理解并运用这个分类。他这样解释："系统1"的运行是无意识且快速的，不怎么费脑力，没有感觉，完全处于自主控制状态；"系统2"会将注意力转移到那些需要费脑力的大脑活动上来，例如复杂的运算。在这里，直觉判断力相当于"系统1"，而理性判别力相当于"系统2"。

但是，仅有直觉判断力和理性判别力还不够。

鉴赏力。我们不仅要知道对与错，还要知道什么是好的，什么是更好的，什么是杰出的，什么是突破性的。若没有鉴赏力，一个人的知识水平是平庸的。

普通的学习通常不强调鉴赏力，但也并非完全如此，鉴赏力有时会以各种形态出现。以学校学习为例，正确的数学解题和巧妙的数学解题是不一样的，普通的作文与有文采的作文是不一样的，正确的英语与地道的英语也是不一样的。以工作为例，有的程序算法是普通的、能运行完成任务，但有的程序算法可能快 10 倍甚至 100 倍。

鉴赏力取决于视野，即见过好的，才能知道什么是好的。鉴赏力体现为品位，品位就是选择，即如何选择最佳的。

学习的信心。 在深入学习后，我们会发现自己所知只是冰山一角。一个形象的类比是知识像一个圆圈：圈内是已知，圈外是未知，而圆周是你意识到的未知。随着你知识的增加，圆扩大了，圆周也变得更大，这意味着你不知道的也随之增加了。因此，虽然直觉判断力、理性判别力、鉴赏力都极为重要，但信心更重要。信心不是"我知道这个"，而是面对未知的知识时，你相信"我能学得会"。真正掌握一个主题的知识体系可以极大地增强我们的信心，让我们更敢于探索未知。

这样解释似乎有点复杂化了，让我们来简化一下。

掌握真知识，而非"司机知识"

1918 年，马克斯·普朗克（Max Planck）因量子力学获得诺贝尔物理学奖。当时，虽然几乎没人能懂量子力学，但它非常流行。普朗克被邀请到德国各个城市演讲，就像开巡回演唱会一样。不管在哪个城市，普朗克都用同样的话讲一遍量子力学。

他的司机听了太多遍，对演讲内容已烂熟于心。于是，司机跟他说："普朗克教授，总做同样的演讲，你一定觉得无聊。咱们玩个新花样，在慕尼黑由我代你做报告如何？你戴上我的司机帽就坐在前排休息好了。"普朗克也兴致盎然："就这么定了！"

在慕尼黑，司机向一群听众重复了普朗克的演讲，讲完后掌声雷动。听众们没有听出来他讲的内容和普朗克亲自讲的有何差别，甚至司机的演讲比普朗克还精彩。

听众中有一位物理学教授举手提了一个问题，司机可答不上来，他灵机一动："在慕尼黑这么领先的城市，没想到竟然有人提这么基础的问题！这个问题我的司机就能回答，现在请他来回答吧"。

这则逸事是虚构的，它其实是沃伦·巴菲特的搭档、投资家查理·芒格（Charlie Munger）在 1998 年讲的一个故事，他后来还经常讲起这个故事。普朗克掌握的是真正的知识，也可称"普朗克知识"（Planck Knowledge），这些知识是通过大量的时间、思考和实践获得的，是能验证的；而司机拥有的是伪装成真知识的"司机知识"（Chauffeur Knowledge）⊖，具体分析如表 1-1 所示。芒格还说："当你在生活中面临一个问题，尽可能将责任交

⊖ Chauffeur 借用自法语词汇，指驾驶豪华租赁车辆的司机。

给那些具备普朗克知识的人，远离那些只有司机知识的人。"

表 1-1　普朗克知识与司机知识：你真学透了吗

普朗克知识：真正理解的深度知识	司机知识：死记硬背的浮浅知识
<ul><li>深入理解主题，努力探寻真相</li><li>能清晰地解释与讨论自己所知道的</li><li>拥有这个领域的知识体系</li><li>有能力实际运用知识</li><li>知晓自身知识与能力的边界</li></ul>	<ul><li>没兴趣理解主题，只记住名词与概念</li><li>仅仅是"假装知道"</li><li>没有这个领域的知识体系</li><li>没有能力实际运用知识</li><li>容易愚弄自己，当超出自身能力圈时不自知</li></ul>

值得注意的是，普朗克的司机不是一个聪明人，但也不愚蠢——他知道自己的知识边界。在危急时刻，他能聪明地让普朗克接过回答的责任。在这一点上，我们应该向普朗克的司机学习。在这个知识爆炸的时代，有太多的知识我们并不了解，我们不能假装知道，并轻率地回答甚至采取行动。

本书的内容组织

现在，我们要学的内容可分为三类：学习一种知识，比如社会学、统计学、人工智能理论等；学习一种技能，比如写作、演奏乐器、演讲、编程、提问等；学习一种技术工具，比如电脑、办公软件、AI 工具等。本书所讨论的穿透学习法对它们均适用。

一次主题学习的过程从输入开始经过知识体系再到输出，我们应聚焦于中间的知识体系。穿透学习法是一组结构化的学习方法，让你可以将外部的知识体系变成你自己的，并在短期内集中地学透一个主题。

本书主要章节的组织体现了穿透学习法的知识框架。其中，第一章是总体介绍；第二章讨论生成式 AI 等如何改变学习；第十一章是穿透学习法的思维模型，即"吸附框架：学习—验证—扩大—惊人"。如果你学习习惯是希望先了解其背后的思维模型，可翻到最后先阅读第十一章。中间各章是穿透学习法的四要素与三个场景等。

在探讨各种学习方法之前，下一章先看一看学习最大的新变量：生成式 AI。

本章要点

- 穿透学习法是聚焦知识体系，让你短期集中学透一个主题。
- 穿透学习法强调运用新的技术工具，如果能用好，我们的学习能 10 倍加速与提效。
- 穿透意味着拥有包括直觉判断力、理性判别力、鉴赏力和学习的信心等高水平认知。

⌈ 现在就行动吧！⌋

- 列出你认为自己迫切需要学习的五个新主题。
- 就一个你自认为已掌握的主题，自我评估一下你是否已学透：你是否了解它的知识体系？你是否有高水平认知？
- 就一个你熟悉的主题，用你自己的方式尝试绘制它的知识体系，并给他人讲解这一主题。

技术改变学习
如何用 AI 加速你的学习

"对于我来说，电脑是我们曾经造出的最了不起的工具之一，它相当于思维的自行车（bicycle for the mind）。"1990 年，苹果创始人史蒂夫·乔布斯（Steve Jobs）在电视采访时这样说。自行车是个绝妙的比喻：大脑得奋力踏脚蹬，你和它才能一起前行。

人类又制造了一个了不起的新技术工具——生成式 AI。它正以聊天机器人、智能助手等形式开始进入人们的学习、工作和生活。生成式 AI 也是思维的自行车，如图 2-1 所示。

制造工具的能力将人类与其他灵长类动物区分开来。在人类的工具创造历史时间线上，电脑之前有很多用于思维的工具，如纸与笔、纸质书、算盘与计算器。之后，随着互联网的发展，能用于思维的新技术工具又不断出现，影响深远的有搜索引擎、社交网络等，它们可看成所有人大脑的集合。另外，笔记软件也被称为

图 2-1　电脑是思维的自行车，生成式 AI 也是思维的自行车

个人记忆的"第二大脑"。现在，生成式 AI 也加入这一行列，它是迄今为止最强大的学习工具之一。

在学习上，AI^〇让很多人感到了直接的威胁。你曾需要花费大量时

⊖　AI 可分为判别式 AI 与生成式 AI 两类。例如，互联网公司用来为你推荐商品与信息的算法是基于判别式 AI 的，而每个人都能直接使用的能回答问题与生成图片的则是生成式 AI。为简化表达，这里用 AI 直接指代生成式 AI。

25

间和精力学习的知识与技能，别人无须学习，只需问一下 AI，一秒钟便可直接获得。我称这是技术带来的"知识的变革"——AI 让知识变得触手可及。我们曾经历"计算的变革"，即计算随时可及；我们现在正享受"信息的变革"，即信息触手可及。如今，被变革的对象是知识。

知识触手可及的未来尚未全面到来，但我们当下感受到的震撼是一个良好的契机，它让我们开始问：如何用好包括 AI 在内的各类新技术工具来更好地学习？

10X 原则：用好新技术工具，让学习提效 10 倍

在过去的 40 年，电脑、互联网、手机逐步融入我们的生活，但一个悖论是：虽然，这些工具在学习中无处不在，但它们往往被视为"二等公民"。比如，我们每天都通过数字形式获取主要的知识与信息，但心底仍觉得读纸质书才是真正的读书。

尽管搜索引擎、社交网络在我们学习中的占比越来越大，但在不以新技术为主题的讨论中，它们得不到相应的重视，我们甚至还尽量将它们排除出学习过程。每个技术工具都有长处与不足，可是我们常担心那些不足会影响我们的学习。

我们认为，应积极拥抱新技术工具，做技术乐观主义者，着重关注它的长处并用其所长。技术悲观者常看到风险，而乐观者总是关注可能性。这一次，直接与知识有关的生成式 AI 将是所有人学习的新转折点，如图 2-2 所示。因此，我们应再次大声强调新技

术工具对学习的价值：

> 10X 原则：每一类新技术工具都是 10 倍工具，
> 用好它们至少能让学习提效 10 倍！

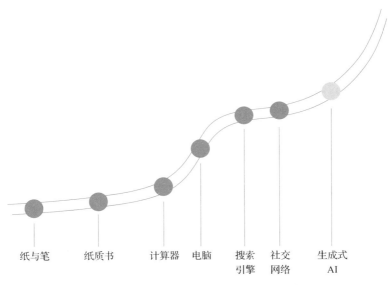

纸与笔　　纸质书　　计算器　电脑　　搜索　　社交　　生成式
　　　　　　　　　　　　　　　　引擎　　网络　　AI

图 2-2　学习的工具：从纸与笔到生成式 AI

那么，我们该如何做？

1. 重视学习与掌握新技术工具

各种技术工具在学习中扮演着重要的角色，比如电脑、搜索引擎、社交网络、笔记软件、翻译软件、编程工具、生成式 AI 等。本书的学习方法均假设你在用联网的电脑（也包括手机、平板等）支撑着你的学习。

在学习中，使用这些新技术工具已经占据了相当多的时间。从现在开始，我们应该投入与之相匹配的关注，不再把工具看成技能的子集：

- 过去，我们的学习是学习知识与技能。
- 现在，我们的学习是学习知识、技能与工具。

我们要重视工具的学习，掌握使用它们的诀窍并实际运用它们。我们应该努力成为各类新技术工具的最早一批试用者，如果发现它的确对自己有价值，则快速地投入使用。

以读书为例，你可能还在等一本书的翻译版，而会用 AI 的人已经在 AI 的辅助下自己制作中文、外文对照的翻译版并开始阅读了。你可能会想，只有少数人能做到这样吧？并非如此！你可以在大众电子阅读工具（如微信读书）中上传电子书，然后直接阅读 AI 翻译版。

2. 理解新技术工具改变了学习的重点

学习这些新技术工具，不仅要掌握对它们的使用，还要意识到它们改变了如下问题的答案：什么是我们要学习的重点？

当信息可以在互联网上快速查到时，学习的重点就不再是记忆，而是知道如何查询。你要知道输入什么关键词去查，怎么沿着链接一路追下去，直到在一个页面上找到最佳结果。我们都知道"理解大于记忆"，但过去我们还是不得不记住很多东西；有了搜索引擎后我们可以大幅减少不必要的记忆，专注于理解。

我们前面说，有疑问可以问 AI，它能给你解释，因此知识变得触手可及。但你要注意，AI 的回答可能是有错的，因此，你自己已有的知识体系变得重要起来，你的直觉判断力、理性判别力和鉴赏力变得重要起来。

面对任何问题，AI 都能为你提供一种解释或多种解释。因此，你的即时学习能力变得重要起来：你需要快速读懂 AI 的回答、理解它并挑拣出有价值的部分。

当一项新技术工具在学习中变得普及时，我们应仔细思考如下这些问题：它让哪些过去重要的事情变得无足轻重？它让哪些过去不可能的事情变成可能（但做起来仍很有挑战）？它让哪些过去很困难的事情变得轻而易举？当其他人也都使用它时，我如何才能更有效地使用它？

3. 重视两种新的基本学习技能：用新技术工具、用电脑写

使用新技术工具已经是我们需要的基本学习技能，与听、说、读、写处于同一层级。不管是学习中还是工作中，假设每个人都会使用电脑和网络，就像被假设你能识字、会数学、懂英文一样。这里专门绘制了一张图示，用来展示基本学习技能的变化，如图 2-3 所示。

学习是将"外部的知识"转化为"自己的知识"的过程。过去我们所用的基本技能是听、说、读、写，现在则增加了两种新的基本技能：用新技术工具与用电脑写，如图 2-3 所示。

其中，"用新技术工具"指学习、运用及掌握它们的使用技巧等，也包括如何选择适合自己的工具，如何用这些工具组成自己的

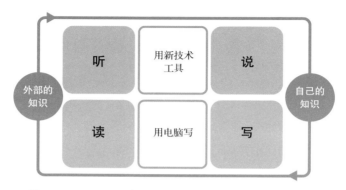

图 2-3　听、说、读、写之外两种新的基本学习技能：
用新技术工具与用电脑写

学习系统等。这些工具已经成为所有人学习系统的关键组成部分，
没有人会只用印刷书籍、纸笔、线下课堂来学习。

"用电脑写"则需要多花一点篇幅来讨论。首先要说明的是，"写"
并非仅指写文章，而是指将所读、所思、所想、所做用文字的形
式记录和展现出来。"用电脑写"初看像是用新技术工具的一部分
或仅是写的新方式，但单独列出它，我是有充分理由的。

"用电脑写"是现在学习的中心环节。当你听和读时，你用电脑写
笔记，用电脑写文章、制作 PPT，用电脑写特定格式的内容如制
作数据表格、绘制图示、编写代码等；当你与他人沟通时，你写
邮件、在聊天对话框中写、在社交网络上写；当你工作时，你用
电脑来写计划、写总结和报告；当你向 AI 聊天机器人提问或提出
要求时，你也要准确地写出你的问题。

在学习中，写的作用是明确的。听课与读书时写笔记，有助于提

升理解，整理笔记则是有效的复习；将想法写下来，能将头脑中分散的想法汇聚到一起；利用写下来的文字，可以与他人进行更有效的交流。

那么，在这些基础之上，用电脑写有什么新的优点呢？有很多。以下仅是一些不完全的优点，你可进一步补充：

- 你可以更快、更清晰地将内容记录下来。用电脑写比用纸笔写的字更清晰。
- 你可以更便捷地修改所写的内容。因此，你会做更多的修改与迭代，将所写的内容改得越来越好。
- 你可以更方便地用它与他人交流、获取反馈。比如，你可以将笔记分享给朋友征求建议，可以将文章在博客上发表。
- 你可以更有效地记录与整理笔记。虽然纸质学习卡片仍然很有用，但用电脑做的笔记更便于整理和查询。
- 你可以更容易地"写"表格、公式、图示、数据图等。若没有电脑辅助，完成这些任务耗时耗力，有时甚至是不可能的。

本书在讨论学习方法时，用电脑写也是一个无须明言的假设：将一本书整理成思维导图或 PPT，将你在一个领域所学的内容写成一份个人知识指南，采用"公开练习"的学习方法，如将你的笔记公开分享在网上等……这每一项都是用电脑写的⊖。在过程中你

⊖ 需要补充说明的是，不要将用电脑写和用什么软件与格式混淆，这是两个截然不同层面的问题。我们关注的重点不是用电脑还是用手机，不是用 Word、Notion、飞书等软件，也不是使用的是 Docs、纯文本、Markdown、LaTeX、思维导图等格式，而是你写什么内容、如何写、如何修改，以及用写作来达成什么学习目的。

可能会用纸笔写关键词、列提纲、打草稿，但最终稿一定是用电脑写出来。

知名财经作家吴晓波曾在一次演讲中讲了自己的一个早年经历。1995 年，他花半年工资买了一台电脑。当时他在新华社工作，单位的同事都看不懂他的这一举动：写稿用的笔、本子和墨水，单位都给提供，你居然自己花这么多钱去买一台写作工具？

这个工具给吴晓波带来了很多变化。有了电脑之后，他的写作效率大大提高，比如，剪报被录入数字文档中，可以更快地查询、取用。吴晓波说："我们这一代人是怎样淘汰上一代人的？现在想来，不是我们比他们更勤奋、更聪明，而是我们比他们更乐于接受新的工具。"

近 30 年后，我们有了很多更强大的新技术工具，我们要用好它们。在《深度工作》一书中，卡尔·纽波特（Cal Newport）给出了一个公式：高质量工作产出 = 时间 × 专注程度。但我们认为，这个公式缺少了"工具"这一要素。用好新技术工具，工作和学习的产出可大幅提升，因此我们将公式更新为

$$高质量工作产出 = 时间 × 专注程度 × 新技术工具$$

现在，AI 是我们能用在学习中的最强大的工具之一。它的能力强大到让人觉得神奇。当你对一个知识点有疑问时，你可以直接询问 AI，并即刻得到一个用流畅的、有条理的语言回答的答案。你可以让它扮演老师的角色，按你的水平向你提问，对你的回答进行评估、纠正、讲解。

生成式 AI 使用简明指南：你问，它回答

即使你不熟悉生成式 AI 及其技术，你也能看懂下面的内容，无须担心。AI 工具的一大优点是，只要你能写字、说话，你就会使用它。它能理解你说的话，并主要用普通的文字回应你。

你可以将 AI 用于学习设想成向一位知识面广、聪明的助教提问。当然你要注意，它仅是助教，而不是老师。老师的知识更深厚、更准确；年轻的助教很热情，想帮助你，但他的回答不一定完全对。

AI 工具使用起来都很简单直接：你问，它回答。市面上有多种 AI 聊天机器人产品可供选用，越来越多的软件里也增加了可以与你对话的智能助手[⊖]。这里我们用的 AI 主要是所谓的大语言模型，它们支撑了这些 AI 聊天机器人。

简单地说，大量的知识被压缩进模型并变成模型的参数，我们作为用户可以用自然语言向 AI 模型提问，并得到回答。我们向 AI 提问的话叫提示语（Prompt），其角色类似我们给搜索引擎的关键词（Keyword），触发它们给出回应。AI 模型能理解我们的提示语，回答我们的问题或完成我们要求的任务。

AI 大语言模型不仅有文本理解与生成能力、多语言能力、逻辑推

⊖　市场上有众多大语言模型。通用功能模型中，国际上有 OpenAI 公司的 GPT 及 ChatGPT、Meta 公司的 LLaMA、Anthropic 公司的 Claude，国内有百度的文心一言、阿里巴巴的通义千问、腾讯的混元大模型、智谱 AI 的 ChatGLM、科大讯飞的讯飞星火、百川智能的百川大模型等。

理能力等，也拥有一定的基础知识。如下是两个提问与回答示例，可让你对 AI 的使用方式有直观的了解。

> 提问：请用小学生能懂的语言，简洁地解释什么是 AI 聊天机器人和它的工作原理。⊖
>
> 回答：AI 聊天机器人就像一个会说话的计算机程序。你可以跟它聊天，它会根据你的话回答你。
>
> 它是怎么工作的呢？就像我们学习东西一样，这个机器人也会"学习"。人们给它很多的书、文章和对话，让它知道各种各样的信息。当你问它一个问题时，它会想起以前"学习"的内容，然后给你一个答案。
>
> 它好像有一个超级大的书包，里面装满了书。当你问问题时，机器人会很快地在这些书里找到答案并回答你。

现在的 AI 大语言模型也有一定的推理能力。一起看如下示例，我们问了 AI 一个需要推理才能正确回答的问题。此问题由深度学习三巨头之一、图灵奖获得者杨立昆（Yann LeCun）提出，可用于测试 AI 大语言模型的推理能力，也被称"杨立昆问题"。它可直观地用图 2-4 表示。AI 回答的推理过程和答案是正确的。

⊖ 原样摘录 AI 的回答。按我们的要求得到的是一个简化的解释，它是准确的。请注意，严格来说，AI 仅是根据其所训练的资料中的语言模式、接着你的提问预测下一个词，而不是像类比中说的找到了"书中答案"。

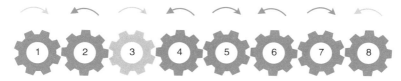

图 2-4　杨立昆问题的图示

提问：在我们面前有八个齿轮，编号为 1 到 8，它们按顺序安装在轴上，每个齿轮都与下一个齿轮啮合。如果齿轮 3 顺时针旋转，齿轮 1 和齿轮 8 会以哪个方向旋转？让我们一步一步思考。⊖

回答：好的，让我们一步一步地分析这个问题。首先，当两个齿轮啮合时，一个齿轮的旋转方向会导致另一个齿轮旋转方向相反。这是由于齿轮之间的相互接触产生的。

1. 当齿轮 3 顺时针旋转，它会使齿轮 4 逆时针旋转。

2. 接着，因为齿轮 4 逆时针旋转，它会推动齿轮 5 顺时针旋转。

3. 同理，齿轮 5 的顺时针旋转会导致齿轮 6 逆时针旋转。

4. 齿轮 6 逆时针旋转推动齿轮 7 顺时针旋转。

5. 最后，齿轮 7 顺时针旋转会使齿轮 8 逆时针旋转。

⊖　杨立昆问题的原文为英文，我们采用中文提问，原样摘录回答未做调整。在提问时，我们额外采用所谓思维链（Chain-of-Thought，CoT）提问技巧，即在提问中加入"让我们一步一步思考"（Let's think step by step），这能触发 AI 大语言模型的推理能力，提升回答的正确性。

现在，再回到齿轮 3 的前面：

1. 齿轮 3 顺时针旋转会使齿轮 2 逆时针旋转。

2. 齿轮 2 逆时针旋转则会推动齿轮 1 顺时针旋转。

综上，齿轮 1 会顺时针旋转，而齿轮 8 会逆时针旋转。

AI 还有很多能力，比如帮我们修改文章的表达与语法错误、编写文章摘要、做数学题、编写代码、识别图片并解读等。但相信这两个例子已经足以让你了解它的最基本用法：你主要用文字提问，它用文字回答。当然除了文字，你提问时也可以带上图片。以上就是对 AI 的简要介绍，接下来，我们聚焦于如何将 AI 用于学习。

如何用 AI 来 10 倍提升学习效果

学习是将外部的知识转化为自己的知识的过程。我们可以从两个视角看它：一是认知视角，理解输入的知识；二是行动视角，运用学到的知识，如图 2-5 所示。认知与行动可以分成三个部分：①消除障碍；②加深理解；③提速输出。我们将看到，在每个方面 AI 都可能显著提升我们的学习效果。目前，AI 在多种学习场景下已表现良好，且效果还在变得越来越好。我们将以 AI 当前能达到的最好效果为假设进行下面的讨论。

让我们回到具体的学习场景，看一看现在我们是如何做的，以及有了 AI 等新技术工具的助力之后，我们又可以如何做。

	认知视角	行动视角
消除障碍	• 让AI根据文章编写摘要、大纲 • 针对疑问向AI提问，获得回应	• 让AI直接告知操作步骤 • 让AI解释具体细节，以获得逐步指导
加深理解	• 让AI向你提问，对你进行水平测试 • 让AI对你的理解进行评价、提出建议	• 让AI对我们的做法提出改进建议 • 让AI对我们的结果进行评价
提速输出	• 用AI辅助整理笔记 • 用AI辅助撰写总结	• 在AI辅助下编写教程 • 在AI辅助下撰写文档

图 2-5　认知视角与行动视角：AI 在学习中如何助力

用 AI 辅助消除障碍

学习新主题时，你常从听课或读课本开始。然而，仅被动地听课和读课本是不够的。你会考虑整理一个包含主要知识点的大纲，这让你能整体把握知识框架。但从零开始整理大纲很费时，许多人会尽量逃避这项学习任务。

现在，你可以这样做：尝试从网上搜索一个已有的大纲，将它复制到自己的笔记本中。你可以简单复制，也可以深入复制，例如根据自己的理解对它进行调整，如增删、加标注。

有了 AI 的辅助，整理大纲变得更简单。比方说，你阅读的是书的一个章节，长度为 1 万字左右，你可以将整个章节输入到 AI 聊天机器人的窗口中[○]，请它帮你整理一个多层级的大纲。

AI 帮你整理的大纲通常并不完美，但它可以作为你自己进一步整理的基础。有意思的是，不完美的 AI 大纲反而为你提供了一个独特的学习机会：你已经读过数遍资料，现在面对一个可能有错、需要修订的大纲，你立刻接受了这一挑战。在挑错的过程中，你将颇有成就感：我的确读懂了。

除大纲外，AI 还可以帮你用多种方式整理学习资料。你可以让 AI 帮你整理摘要，你再进一步修改，最终得到一个与你的认识一致的摘要。你还可以让 AI 帮你做文章的观点摘录，看它有没有找到你忽略的亮点。

在学习时，你可能还会遇到疑问：这个名词是什么含义？这个推理过程为何看不懂？如果有人用简单的语言为我解释这个难点就好了！

为了克服这些障碍，过去我们可能会反复研读、去图书馆查资

○ 当前拥有较大上下文窗口能力的是 Claude 聊天机器人，它最大支持 10 万标记符的上下文。也就是说，在提问时，我们可以输入六七万个英文单词或汉字给它，让它根据输入编写大纲。如果你用的聊天机器人一次不能输入这么多文字，你可以将资料分成几个片段分次输入。请注意，其中的标记符是大语言模型输入的计量单位，与字符、单词或汉字不是同一个概念。

料、向老师和同学请教。有了网络之后，我们可以在互联网上搜索，看看是否有人对相似的问题做了回答。我们也可以在社交网络（如社交问答网站）提问，但可能要等待很久才有人回答你。

现在，你可以直接向 AI 求助，即时得到回答。我们将资料片段给它，向它提出要求：“请用简单的话为我解读一下。”再次强调，它的回答不一定对，但是它即时给出的解答可以成为我们继续学习的垫脚石。

有时，你身边这位知识面广的助教 AI 甚至会给你带来惊喜。有一次我请 AI 解答疑问，我看到在我所要求的之外，它额外解释了“无法拒绝的提议”——来自电影《教父》的名句：“我要给他一个他无法拒绝的提议。”（I'm gonna make him an offer he can't refuse.）我这才发现，原文中“无法拒绝的建议”是对这句经典台词的改编。

过去，学习时要消除一个资料中的所有疑点，我们可能需要付出 100 小时；借助搜索和社交网络后，我们可能缩短到 50 小时；再进一步，借助 AI 的辅助后，我们可能缩短到 10 小时。这带来了很大的变化。过去，由于耗时耗力，对多数学习资料我们不去尝试消除其所有疑点；现在，我们可以对更多的资料进行这样透彻的学习。

需要注意，任何工具都不能替代我们自己的努力。这是大脑的工作机制所决定的：没有经过阻力而进入大脑的信息，也会被轻易地丢弃。如果没有付出努力，我们就无法将外部的知识变成自己的。用 AI 辅助学习不是用它取代我们的努力，而是让我们可以把时间和精力投入真正的难点之上。

「实用小技巧」 结合搜索与 AI 来消除疑点

我们可以结合搜索与 AI 来消除学习中遇到的疑点：

- 搜索关于疑点问题的原始材料、相关图示、他人的解读文章及网络社区讨论。请务必注意评估你搜索到的网页资料的内容质量。

- 让 AI 为你解释疑点。你可以这样提问："这个词什么意思？""根据如下资料……请用小孩能懂的语言解释。""这个问题的解答为何是错的？请帮忙纠正。"同样，请务必仔细核查 AI 回答的准确性。

用好 AI 等新技术工具也有助于我们消除与行动有关的学习障碍。

比如，你想掌握一项技能，而书上没有提供操作步骤。过去，你要自己将书本上的知识转换为操作步骤，或者借鉴网上他人总结的步骤。现在，你可以请 AI 根据资料为你拟定步骤的草稿，再自己修订它。你也会发现，修订步骤的草稿是一次难得的学习经历。

AI 能将知识转化为操作步骤，我们可以用这一点来更快地学习实用技能。通常，资料中会有清晰的大体步骤的描述，但实践的难点常常在于"魔鬼在细节中"。作者以为这些细节性的步骤很容易搞明白，但我们却卡在那里怎么也搞不定。"紧急求助！这里要怎么做？"我们急着问老师或同学。

虽然 AI 还干不好很多事，但在这方面它的能力可以说极强：在一个较小的操作步骤上，如果我们将所有需要的信息都告诉它，也将遇到的错误告诉它，它能立刻给出建议，并一条一条地列出如何做。巧妙地利用 AI，麻烦迎刃而解。

［**实用小技巧**］ 让 AI 帮你整理操作步骤

将资料给 AI，并告知它你面对的实际场景，让它帮你将资料转换为可以照着做的操作步骤或检查清单。请注意，你要仔细分析它为你提供的内容，自己修订并确认无误后再实际使用。

你可以这样提问："请根据如下资料……帮我整理一个完成……（对某项任务的具体描述）的五步操作步骤。""请根据资料帮我整理成可以一一对照核查的检查清单。"

用 AI 辅助加深理解

学习时，哪些是加深理解的最佳方法？一个方法是，做一份测试卷，客观地看到自以为的水平和实际水平之间的差距。

网上的一些技术开发教程会在每个小节后附带多选题小测试，我一般会跳过它们并心想：这样的送分题没必要吗？但现在如果资料附带测试题的话，我会做每一道题，因为有一天我突然醒悟了：这小小的助推的确会让我更好地理解知识点。但这样贴心的教程总是很少。

如果没有测试题，我们可以请 AI 为我们出题。你可以简单地提出要求："请根据如下资料……为我出五道选择题，考察我对 × × 知识的掌握程度。"

你也可以更有技巧地提出要求："根据如下资料，将 × × 知识分成容易、中等、较难三个等级，每个等级各出五道选择题。按从易到难将题目一一给我，如果我两次回答正确，则升级到更高等级的题目。如果我回答错误，请给出正确答案，为我进行解释，并就这个知识点再出一道题。"

你可以提出你的独特要求，然后你就获得了一个负责考察你水平的互动老师，它还能在测评中为你答疑解惑。

注意，AI 出的题目可能有错漏，所以你要告诉自己，做一个对错误警觉的学生。发现 AI 可能出错时，你直接挑战它就好了："这道题是不是出错了？"在与 AI 的讨论中，你将学到很多。

在 AI 聊天机器人刚出现时，人们的第一反应是，它可以答题。比如，中小学生可以将题目输入进去，请 AI 聊天机器人给出答案，并解释解题过程。现在你看到，让它出题是更好地加深你理解的方法。如果已经有了一组题，可以将这些样题给 AI，让它以互动的方式来对你提问，并让它根据资料、样题及你的水平出新题考考你。

AI 不仅可以理解资料，还能理解你说的话，一种用 AI 学习的新方式就自然而然地出现了。AI 向你提问："请用 300 字讲解你对 ×× 话题的理解，要求是……"

你回答问题。然后，AI 对你的回答给出评分和评点，如"B"，并指出优点和可优化之处。你可以接着与它对话下去，如请它对你修改后的答案再次进行评价、为你提供改进建议等。

「**实用小技巧**」 让 AI 按你的水平出题，互动测评你的水平

将资料与样题给 AI，让它出题考你。你可以提出各种有助于你加深理解的要求，以下是一些示例：

- 每次我做错之后，提醒我重新做一遍，然后才给出正确答案与解释。
- 每次我做错之后，针对同一个知识点再出题给我，并将选择题改为问答题。
- 为我出两道超出我当前水平的难题。

再切换到行动视角，看一看 AI 可以如何帮助你。

假设你的行动是写一篇文章。你可以给出你的大纲，请 AI 给出建议。你可以这样向 AI 提问："请用 1 ～ 10 分评价这个大纲。""这个大纲有什么可改进之处？""如果要列一个完全不同的大纲，如何列？请给出三个新方案。"

你也可以在写完后，将文章给 AI，请它给出评价与建议："评价要求是……请根据这些要求用 1 ～ 10 分评价这篇文章。""请就这篇文章的论述给出五点建议。""请就这篇文章的语言表达问题用列表形式给出 10 个修改建议。"其实你可以像平常说话那样提出任何要求。

如果你的任务是解一个数学难题，你可以用文字（文字描述或 LaTeX 公式格式）写下解题过程，并输入 AI 询问："请问解答过程是否正确？""是否还有更巧妙的解法？"

假设你的行动是做一个试验，你可以拿你准备执行的步骤去征求 AI 的建议。你可以将中间结果给它，请它给出预测，也可以与它一起讨论最终的结果和结论。

你将行动的过程用文字形式记录下来，普通的文字或数据、公式、代码均可，之后就可以用 AI 来深化理解。[○]这时你应该也发现了，用 AI 辅助学习时，用电脑写是基本的前提，AI 只能理解你写的文字。有些 AI 工具支持语音输入，但很显然就学习而言，文字输入才更精确。

你还可以更有创造性地利用 AI 来加深自己的理解。下面看一个例

○ 各类生成式 AI 模型都能很好地理解编程语言，程序代码实际上是一种特殊的文本。如果用 AI 辅助编程，你可以这样做：假设要编写一个分析数据的程序，我们与 AI 讨论采用何种方式；我们给出明确的编程要求，得到代码片段；我们尝试运行代码，并将运行错误给 AI，请它提供可能的修复。通过这样"提问—回答—运行"的循环，我们就可完成编程分析数据的任务。另外，很多程序员已经开始将他们自己的代码片段给 AI，请它给出修改（所谓重构）的建议，修改的建议可视为对现有代码的评价。

子，核心思路是让你通过"教"来学：AI 是学生，你是老师。具体步骤是：①你提出问题；② AI 回答；③你作为老师来评判 AI 回答得是否正确。

如何把一个 AI 聊天机器人变成一个 AI 学生呢？你只需将如下提示语给一个功能强大的 AI 聊天机器人，它就会按要求扮演学生的角色。完整的指示语○是：

> 你（AI）是一个已经学过某个主题的学生，对话人则扮演老师的角色。
>
> 请遵循以下要求：
>
> - 一步一步地思考，并在做决定之前反思每一步。
> - 这个练习的目的是让对话人评估你的解释和应用。
>
> 在开始对话时，你首先介绍自己是一个学生，已准备好回答老师的提问。
>
> 然后，询问老师希望你解释的概念是什么。等待回应。
>
> 收到对话人要求的概念后，你这样做：
>
> - 写三段关于这个概念的解释，给出这个概念的两个应用示例。

○ 这个提示语来源于 OpenAI 给教师的提问指南，原文为英文，这里翻译为中文并进行了少量调整。https://openai.com/blog/teaching-with-ai，2023 年 8 月。

- 接着问老师你回答的怎么样，请他解释，在你的解释和示例中，你做对了什么，做错了什么，可以如何改进。
- 向老师请教，他认为应该如何更好地应用这个概念。

这个示例巧妙地综合运用了 AI 的各种能力来帮我们加深理解。我们进行角色切换变成老师，通过教来学，评价 AI 学生的回答促进了我们的理解。我们也把这个提示语称为"翻转导师"。

这个示例还巧妙地利用了 AI 的一个特性（准确说是不足）：AI 聊天机器人仅是根据它的训练资料编写一段文本来回答问题，它的回答可能是错的。也就是说，它是一个可能答错的学生，而它回答中的错误恰好给了我们作为老师纠正它的机会。

用 AI 辅助提速输出

努力的学习者都知道，输出是比输入更有效的学习方式。输出能促进输入，也能提升学习成就感。但是，输出所付出的时间和精力、所需要的决心远远大于输入。从头到尾读完一本书是相对容易的，但我们总拖延着不去整理读书摘录，尽管我们知道整理后才能有真正的收获。

凭借出色的语言理解和生成能力，AI 可以极大地助力我们的学习输出。比如，读一本书时，我们记录了数百条摘录和笔记条目，这时就可以借助 AI 工具帮我们整理：结合书的内容，AI 帮我们将摘录和笔记补充完整，甚至重写某些条目；AI 帮我们从条目中寻找相关的条目，将几个条目连缀成条目串或形成一个更大的条目；结合书的目录，AI 帮我们将条目分门别类整理好。

请注意，AI 目前编写的内容只是看起来很好。它擅长用专家口吻表达，这很容易让人轻信它。仔细观察，你会发现很多问题，从不准确的到理解错误的都有。AI 的输出作为你理解的辅助绰绰有余，但是，当你以完成品的要求看它时，你会非常不满意。以让 AI 帮你整理笔记为例，它可能错误地改动你的摘录，而你要求它绝不可改动原文；它的重写可能是错误的，与你阅读中实际得到的启示不符。

当然，我们并不是说不要用 AI。我们应用其所长、避其所短，将它的不完美当成学习的机会。详见本章下一节"启示：与 AI 的不完美、幻觉与错误共舞"。

假若你能调整好和 AI 之间的关系，它可以对你的学习大有助益。我们还是看让它帮你整理输出这个场景，它不是坐在你旁边的平等伙伴，这时你们的关系不再是常被说起的一个类比，即 AI 是机长的副驾驶（Copilot）。

现在，它仅是站在你背后等待任务的打字员，并偶尔小声建议："您看这是不是可以考虑一下？"你可以考虑，也可以一挥手就当没有听到。当写完一页，你可以交给它去整理和录入。之后，你可以征求它的修改建议，或者请它帮忙修改语法。

有时，你也可以运用 AI 擅长按某种风格改写的能力："这是一份正式文稿，请你在严格保持结构和信息不变的情况下，帮我尽量改成口语化的表达。"

你也可以偶尔与它讨论几句。比如，你可以拿它当费曼技巧中的小孩，这个方法建议你想象向一个小孩讲述你学到的知识："现在，你是一个小学生，我给你讲讲这个知识……"讲完后，你问 AI："你听懂了吗？""哪里不明白？"

「实用小技巧」　用 AI 来修改文章

你可以请 AI 为你的文章提供有针对性的修改建议。例如，你提出要求："你是一个写作高手，请就如下段落给出五个表达方面问题的修改建议。"你可以根据自己文章中的常见问题，提出自己独特的要求，例如：

- 请专门找出主语缺失、主语不明的问题。
- 请找出表达冗余的情况，并给出修改建议。
- 请用列表形式给出错字、用词不当的问题。

如果你能把自己文章修改前后的对比示例给 AI，它将能更好地为你提供建议。

再切换到行动视角，AI 同样能极大地提速输出。

假设你是熟练掌握某项技术的程序员，现在你的任务是一步一步重新运用这项技术做某事，并将过程记录下来写成教程。这类教程的核心内容是具体操作步骤、你输入的命令与操作以及过程与结果截图，其他文字起的作用不过是连接这些核心内容。但是在过去，要写一个教程，你不得不花很多时间编写这些如胶水般的文字。

有了 AI 的辅助，你可以一步一步操作，并将操作过程记录下来。然后，你让 AI 补充这些胶水文字。这些价值低却必要的繁重工作交由 AI 去做，它比我们写得快，而且更通顺、更易懂，还从来不会有语法错误。最后，你审阅修订全文，一篇操作教程就轻松地编写完成了。

从认知视角出发，我们所写笔记的读者是我们自己；而从行动视角出发，我们有时要写出其他人能方便阅读的教程与文档。转换到他人视角耗时耗力，尽管写出这样的资料会让我们有成就感，但我们还是会尽量拖延。

AI 可以轻松地帮我们转换到他人视角。撰写文档时，我们只需专注于内容本身，而将转换视角的任务交给 AI。它承担烦琐的任务，我们享受成就感。

在学习中我们写下的教程与文档的主要读者其实是我们自己，不过不是当时的自己，而是未来某一刻的自己。在学习时，你深入那些知识的细微之处；但数月或数年之后，记忆变得有些模糊，你甚至可能一下子看不懂自己的笔记。但如果你当时以他人视角写下文档，并在写的时候贴心地附上各种必要的信息，你会惊喜地发现它仍然很容易理解。AI 让这样的写作变得非常轻松。

「**实用小技巧**」 让 AI 转换到他人视角帮你编写教程

"刻意练习"的提出者、心理学家艾利克森将写作过程分成两步：第一步是"把自己的经历讲出来"，这是知识讲述（Knowledge Telling）；第二步是"有意识地教会别人"，这是知识转换（Knowledge Transforming）。

当你要写一个教程或文档时，你可以这样做：第一步，自己写并进行记录；第二步，让 AI 替你转换视角，将你写下的内容转换成教他人的写法，并编写草稿；第三步，你进一步编辑加工这份草稿。

总的来说，在消除障碍、加深理解、提速输出三个方面，AI 都是一个强大的通用学习工具。善用 AI，10 倍提高学习效果是可能的。

深入使用 AI 后，你还会发现它极大地提升了你的学习信心。一方面，AI 的确能为我们解释难点，降低学习新知识的门槛；另一方面，有了它的协助后，我们可以将时间和精力更多地放到难点上，难点也就相对容易地被解决了。两者加起来的效果是，无论多难的学习主题，我们都敢说："我能学得会！"这句话正是很多人用 AI 辅助学习后的感受。

启示：与 AI 的不完美、幻觉与错误共舞

"AI 会胡说八道！"你可能注意到，我们一直在强调，AI 的回答会有错。

生成式 AI 做的不是资料库检索，不是检索出已有的资料回复给我们；它做的是所谓的生成，即根据它"学到"的超大量资料进行概率预测，并用通顺的语句回复我们。要让它能生成，我们就必须放开束缚，不能要求它的每一句话都必须来自原始资料。

因此，AI 的答案无法确保是绝对正确的；反过来，如果要让它绝对正确，它就变成了一个很笨的拼贴机器人。其实，当你用自己的话解释知识时，你也无法做到绝对精确，否则你只是在鹦鹉学舌般地背诵。

当 AI 信心满满地给出错误的回答时，我们就称它出现了"幻觉"（Hallucination）。AI 的能力仍在快速进化的过程中，幻觉会逐渐减少，但是这些错误不能完全消除。因此，在接受 AI 的答案前，请务必实际核查。

我想你会有一个疑问：之前，我听说 AI 无所不知，才想用它作为学习工具。而现在你向我强调 AI 的回答可能有错，那么，我怎么还能用一个可能回答错的工具来辅助学习呢？其实，如果你换个视角看，AI 的不完美、幻觉与错误反而可以被我们巧妙地运用于学习之中——每一次发现错误都是我们的学习机会。

如图 2-6 所示，学习时，我们接触到的学习资料可从两个维度进行分类：正确的、可能有错的；完成度高的、未完成的。

正确的且完成度高的那些可以作为课本资料。完成度高但可能有错的是低质资料。比如，有的同学交上去的作业看起来是完成了，但不一定对。互联网上你搜索到的经常是这样的资料，千万别抄

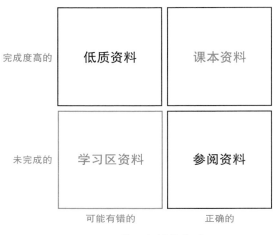

图 2-6　学习资料的分类

错作业！还有一些资料是正确的但未全部完成的，你可将它们选作参阅资料。最后，你自己正在做的作业是未完成的且可能有错的，它们是学习区资料。

学习时，什么样的资料最难获得？学习区资料。我们知道它未完成，而补上未完成的部分就是我们的学习机会。我们知道它有错，而改正错误是我们难得的学习机会。我们向 AI 提问所获得的资料正好落在这个学习区，并且它比我们过去能在这一区域获得的学习资料都要好，因为它有着针对性和同时性，它和我们同时思考同一个具体的问题。

顺便说一句，从这个 2×2 分类图也可以直观地看到本书所倡导的一种学习理念，即高效的学习途径是将自己在学习区学到的整理成接近于课本资料质量的资料。在后面的章节中，你学习教别人、编写教程、写个人知识指南等学习方法时，你所做的都是尝试从图 2-6 的左下角跨越到右上角。

本章要点

- 10X 原则：每一类新技术工具都是 10 倍提效工具，用好它们至少能让学习提效 10 倍。
- 生成式 AI 的主要使用方式是：你问，AI 回答。AI 像机长的副驾驶（Copilot），它可以做你的助教、助手和顾问。
- AI 能从三个方面 10 倍提升学习效果：消除障碍、加深理解、提速输出。
- 你需要警惕 AI 的幻觉问题，你应仔细核查 AI 回答的准确性。

「 现在就行动吧！」

- 尝试注册并使用数个 AI 产品，如 AI 聊天机器人、AI 翻译、AI 笔记、AI 绘图等。
- 一次性问 20 个问题，写下你使用 AI 的 3 个感受。
- 用 AI 辅助实际完成一项任务，如回复一个电子邮件、修改一篇你写的文章、做一篇专业文章翻译。

PART 2

深度体系
如何获得属于自己的知识体系

深度复制
如何先突击学懂 70%

深度冲刺
如何五天快速学透

深度练习
如何通过刻意练习提升水平

———

第二部分

穿透学习的四要素

第三章

深度体系
如何获得属于自己的知识体系

在普林斯顿大学高等研究院有一个惯例，攻读博士学位的研究生要参加一个资格考试，以考察他们从经典力学到量子力学的所有物理知识。这项考试的特别之处在于，学院的那些世界顶尖物理学家们似乎决心要刁难聪明的学生们，每个教授都将自己专业最复杂的问题列入，面试时题目难到离谱。有人提议让教授们自己考一遍，结果不少教授们也考不及格，他们这才将难度略微降低了一些。

那么，不爱读基础文献的聪明研究生费曼是如何顺利通过的？在考试前，他没有再去通读所有的书，而是拿出来一个新的空白笔记本，在第一页写下：记载着我所不知道的事。在接下来的几周，他用这本空白笔记本做辅助，"将物理学的每一零件拆解开来，为其润滑上油，再将它们组装回去，看看有没有什么不熟悉或前后不连贯之处。他尝试去发现每一个主题的基本核心"。

这段话是詹姆斯·格雷克（James Gleick）在其著作《费曼传》中的生动描述[⊖]。诺贝尔物理学奖得主理查德·费曼（Richard Feynman）被称为"科学顽童"，现在他的多种独特学习方法被广大学习者借鉴并运用。接下来，让我们看一看，如果要学习一个主题并获得它的知识体系，我们如何巧妙运用费曼的方法。

先为主题学习划定"领域知识边界"

我们现在面临一个费曼可能也不曾遇到过的学习挑战。在费曼所处的时代，知识并不像现在这样庞杂。我们要学的知识不一定更深奥了，但数量肯定暴增了。同时，现在信息的一个特征是超链接，一个链接链向另一个，我们面对的信息似乎是无穷无尽的。

费曼面对的博士资格考试很难、范围很广，但其边界是明确的，即教授们关心的所有的物理学专业。现在，当我们进行一次主题学习时，我们首先面对的一个任务是为这次学习划定"领域知识边界"，即划出这次学习的范围。如果没有设定学习目标，你就无法评判自己是否完成了学习；而如果没有划定合适的领域知识边界，你可能无法进行一次有效的学习。

如图 3-1a 所示，初步接触一个主题时，我们会看到琳琅满目的知识点。我们努力地扩展自己的视野，于是获得很多知识与信息。此时，有些热点话题会自然地吸引我们的注意力，比如左下角色块所示的部分。

⊖ 资料来源：格雷克.费曼传［M］.黄小玲，译.北京：高等教育出版社，2014.

划定领域知识边界时，我们有三种选择，如图 3-1b 所示：

- 选定自己见到的所有内容，将它们都划在领域知识边界之内，如选项 A。
- 选定一个相对较小的范围，其中的知识结构与知识点清晰明了，如选项 B。
- 选定一个大小适中的范围，有较大的探索空间，但与第一种比则有所取舍，如选项 C。

除了范围大小之外，选项 C 还展示了作为学习者在这时的一些判断。在探索之后我们发现，某些热点并非真正的重点，因而我们选择不将其纳入。在划定领域知识边界时，我们对自己所了解的知识点做简略的梳理，将相似的内容块整合到一起。经过整合我们看到，某些内容块和关键知识有着相似的形态。

那么，哪个领域知识边界是合适的选项？选项 B 和选项 C 都是合适的。选项 B 更为聚焦，可以在较短的周期内学透；选项 C 视野较广，可以让我们更全面地把握主题。

在刚开始学习时，你不了解整体概况，也无法做出划定领域知识边界的合理选择。此时，你应自由探索一番，有了一定的了解之后再划定边界。你也可以走捷径，向老师、前辈、同伴请教。我们在听课时尤其应该注意老师选择的讲解范围。当老师在时长、次数有限的课堂里选择讲什么、不讲什么时，就是帮我们划定了领域知识边界。

a）初看到的领域知识概况

b）划定领域知识边界时的三种可能选择

图 3-1　如何划定一次主题学习的领域知识边界

接下来我们该如何做？如何获得一个主题领域的知识体系？

一种常见做法是，我们在边界范围内自行梳理。我和很多人都很喜欢这样的做法，在初步学习之后，尝试梳理自己的思路，用自己的话来阐述和理解，总结出一个属于自己的知识体系。我们都受到"输出促进输入"这一学习理念的影响，并认为应该自己梳理出知识体系。

在写本书时，我们查阅了多种知识管理与建立知识体系的方法，几乎在每一种方法中都能看到"梳理自己的知识体系"的影子。但也有极少数非常谦虚的例外。例如，工程学教授芭芭拉·奥克利（Barbara Oakley）等撰写的《学会如何学习》一书建立了一个关于青少年如何学习的知识体系，但她明确地指出自己借鉴了来自脑神经科学的知识体系，并将之用在学习上。[⊖]她没有尝试着构建自己的知识体系，而是借鉴了一个已有的体系，并加以运用。

对如何建立自己的知识体系这个问题，我们的建议是：不要自己梳理，而应该首先"复制"一个已有的知识体系。

复制？听到这个词时，不少人可能会冒出一个大大的问号。其实，只要略想一下就会发现，复制一个已有的知识体系是自然而然的

⊖ 芭芭拉·奥克利在 Coursera 在线学习平台与其他学者共同讲授的"学会如何学习"是一门有百万人学习的在线课程，而她的课程与书是同一内容的不同形态。她出版了多本关于学习的书，除了《学会如何学习》，还有《学习之道》《跨越式成长》，其中文版均已由机械工业出版社出版。《学会如何学习》虽称是《学习之道》的青少版，但其实适合各个年龄段的读者。

做法。我们读的书呈现的就是专家学者自己梳理后总结的知识体系。因此，我们应该模仿他们，也去总结梳理吗？其实我们读到的是他们在一个主题领域中长期探索的最终成果，但是我们所处的情况更类似于他们初次接触这个主题时的状态，他们都是从一个已有的知识体系开始的，所有人的学习都是从一个已有的课本及其知识体系开始的。

在理解还不够全面和深入时，我们自己的梳理可能隐含着一些错误，更麻烦的是，我们自身的水平还不足以识别这些错误。心理学中的禀赋效应指出，一个人一旦拥有某件物品，那么他对该物品价值的评估要比拥有之前大大提高。我们可能犯过这样的错：将自己的知识体系梳理出来后，我们越来越相信自己的认识是对的。直到某一天被它误导出错时，我们才意识到问题。因此，我现在强烈主张，在学习时，先复制一个已有的知识体系！

在下文你将学习如何复制，但在此之前，先看一看你可能有的几个疑问。

一个小疑问是，没有这样现成可用的知识体系怎么办？对任何一个主题，几乎不会没有可供你借鉴的知识体系的情况。你找不到的原因可能是：要么你划定的领域知识边界不是被广泛接受的，那就返回上一步；要么是你的信息不足，那就继续搜寻。

层级式大纲：知识体系的形式

你可能有另一个疑问：知识体系的理想形式是什么样的？我们不

断地说起知识体系，仿佛它是不言自明的。那么，当你要将它写出来时，它长什么样子？

我们每次学习都会借鉴各种已有的知识体系，但每次它的呈现形式会有很大不同，如知识大纲、思维导图、原则列表、论文综述、行业报告、PPT 演示文档等。在这些基础上，我们整理出的知识体系形式多种多样。我们发现，多样的形式使得我们对知识体系的认识很模糊。通常，它们看起来有点复杂，如图 3-2 所示。

图 3-2　知识体系是否有一种简单有效的表现形式

知识体系是否有一种简单有效的表现形式？这样的形式是存在的。之前，我们用大树来类比一个主题领域的知识，并说知识体系是树干与主枝。知识体系可以用树干与主枝形式的层级式大纲来表示。它通常包括：

- 主题名及一句话描述（树名）。
- 数个子主题及相应的说明（树干，一级条目）。
- 子主题的主要知识点（主枝，二级条目）。

当然，在需要时你可以进一步将子主题分解成更细的知识点。

以书为例，一本书将知识组织起来的方式是书的目录，即由"书名—章名—小节"组成的知识大纲。在《聪明的阅读者》中，认知科学学者阳志平也表达了同样的看法："最优的知识组织结构是树形结构。"

让我们来看一个具体学习主题的知识大纲示例。本书的大背景是生成式 AI，假设你不只是希望了解它的应用，也想了解它的原理与实现。AI 发展非常快，大语言模型、图像生成模型几乎是以周为单位在快速迭代，那么我们可以从何处复制一个学习 AI 时可以用的知识大纲呢？

假设一个中学生希望学习 AI，那么《人工智能基础（高中版）》（2018 年 4 月）是一个好起点。这本书由汤晓鸥（香港中文大学教授、商汤科技创始人）和陈玉琨（华东师范大学教授）主编，众多优秀的中学老师共同编写。这里主要列出一级标题，但在括号

中展示了部分二级标题：[一]

人工智能基础（高中版）

- 人工智能：新时代的开启
- 牛刀小试：察异辨花（分类任务、提取特征、分类器等）
- 别具慧眼：识图认物（基于手工特征的图像分类、基于深度神经网络的图像分类）
- 耳听八方：析音赏乐（音乐风格分类、语音识别技术）
- 冰雪聪明：看懂视频（视频行为识别）
- 无师自通：分门别类（鸢尾花的 K 均值聚类、相册中的人脸聚类）
- 识文断字：理解文本（文本的特征、发掘文本中潜在的主题、基于主题的文本搜索与推荐）
- 神来之笔：创作图画（生成网络、判别网络、生成对抗网络）
- 运筹帷幄：围棋高手（阿尔法狗的大局观）

假如你的学习目标是成为 AI 研究者或 AI 开发工程师，那么你需要借鉴其他已有的知识大纲。

如果你的学习目标是成为 AI 研究者，一本被广泛使用的大学教材《机器学习方法》可为你提供一个很好的知识体系。该书作者是李

[一] 资料来源：汤晓鸥，陈玉琨 . 人工智能基础（高中版）[M]. 上海：华东师范大学出版社，2018.

航（ACL[⊖]会士、ACM[⊜]杰出科学家、字节跳动 AI 实验室总监、北京大学与南京大学兼职教授）。该书前两版书名均为《统计学习方法》，第三版增加了深度学习内容后改为现在的书名。值得注意的是，按序言注明的时间，它的内容大体截至 2021 年 5 月。

我们摘录该书第三部分深度学习的内容作为知识大纲的示例。2022 年年底，生成式 AI 经历了大众化的转折点，因此我们发现，原本被列在"序列到序列模型"之下的二级条目的 Transformer 架构（转换器架构）应该变为一级条目。生成式 AI 已经形成两个主要方向，即语言生成模型和图像生成模型，它们也可作为一级条目。另外，原来的生成对抗网络（GAN）的重要性有所降低，已不足以作为一级条目。我们对条目进行微调，前后对比如下：[⊜]

机器学习方法之深度学习方法

原始：

- 前馈神经网络
- 卷积神经网络
- 循环神经网络
- 序列到序列模型
- 预训练语言模型
- 生成对抗网络

调整后：

- 前馈神经网络
- 卷积神经网络
- 循环神经网络
- 序列到序列模型
- Transformer 架构
- 语言生成模型
- 图像生成模型

⊖ ACL，The Association for Computational Linguistics，国际计算机语言学学会。
⊖ ACM，Association for Computing Machinery，国际计算机学会。
⊜ 资料来源：李航 . 机器学习方法［M］. 北京：清华大学出版社，2022.

如果你的学习目标是成为从事 AI 开发工程师，你需要一个和程序代码更接近的知识大纲。同样，也有这样现成的知识大纲，比如备受欢迎的由亚马逊公司一组研究科学家共同编写的《动手学深度学习：PyTorch 版》一书。它每一个小节都带有可以实际运行的程序代码，适合程序员学习。此书除了全球各地的印刷版，还有一个由众人共同迭代的在线开源版，并被热情的参与者翻译为多种语言。

要查看该书的完整目录，你可以直接访问其在线版本，查看目录每个层级的详细内容。如果想让我们的主题学习更聚焦，在使用这本书时，可将自己这次学习的边界划定为其目录中"现代卷积神经网络"之后的条目，将之前的内容作为预备知识。

综上所述，以 AI 学习者为例，在选定一个主题之后，从不同视角都能找到现成的知识大纲，然后复制它，用它作为自己学习时使用的知识体系。

除了书的目录，我们还可以从哪里找到可直接复制的知识大纲？其他知识大纲的来源包括报告的目录、综述文章的目录、介绍性文章中的列举、标准手册的操作步骤等。在这些情况下，你通常要自己再做一些工作，如增补二级、三级条目。

当使用知识大纲时，你要确保它的所有内容能打印在一页纸上或呈现在一个横向屏幕上。如果一页纸都放不下，可能是你划定的

⊖ 资料来源：张立顿，李沐，等 . 动手学深度学习：PyTorch 版［M］. 何孝霆，等译 . 北京：人民邮电出版社，2023.

范围过大，又或者你纳入了过于细节的内容。你可将知识大纲打印出来放在手边，用作后续学习的工具。有形的载体能使我们更好地从整体上把握这个大纲。在打印出来的大纲上，你也可以方便地用笔做标记。

特别讨论一下很受欢迎的所谓"知识地图"形式。它是指一些课程或书提供的印在对开报纸大小的纸上的大图，它们包括了所有知识点，并采用精美的图示进行组织。看到它们，我们可能会觉得自己一下子就"获得"了知识。实际并非如此，这仅仅是你感受到的视觉冲击而已。不要认为你把这样的知识地图保存下来，你就复制了知识体系。学习时，也不要耗费你宝贵的学习时间去制作这样的知识地图。对于学习来说，一个简单的纯文字大纲就足以承载知识体系。

总之，你要找到一个可参照的知识体系，然后逐字将知识体系用层级式大纲写下来。通过这样的复制，我们获得了一个学习用的知识大纲。在之后的学习中，我们将会不断地用到它，也会持续地迭代、丰富它。它是我们一次主题学习过程的"纲"。

「 **实用小技巧** 」 哪里找知识大纲

我们通常可以找到一些可直接复制的知识大纲，如教材目录、经典著作目录、线下或线上课程大纲、技术文档目录、操作手册目录等。

网上会有人分享某一主题领域的完整个人学习笔记，它的目录也是不错的大纲信息来源。如果是热门的研究领域，论文综述往往是该领域最新进展的大纲来源。

建议你找数个大纲进行对比后再做选择。

「实用小技巧」 巧用知识大纲

- 将你找到的知识体系整理成层级式的知识大纲。
- 不要简单地复制粘贴，要重新逐字录入，并根据实际情况进行少量必要的调整。
- 调整大纲，使其能放在一页纸上。标上时间，打印出来放手边备用。
- 在纸质版的知识大纲上做标记，并定期将变更加到电子版中。
- 如果你使用下文介绍的费曼空白笔记本方法，考虑打印一个知识大纲插在本子里。

知识大纲与费曼空白笔记本

回到费曼的空白笔记本。费曼在博士资格考试时的笔记本没有留下来，我们并不知道它的样子。但费曼有一个更大且更完备的"笔记本"流传了下来。1961 年，费曼还没有获得诺贝尔奖，但当时他已经是最知名的物理学家之一了。这一年，一个展现费曼的物理学知识体系的机会出现了。

加州理工学院每年都会迎来很多对物理学充满热情的学生，但是，无论是教授还是学生都觉得最初两年的物理学入门课程不够好。加州理工学院物理系主任罗伯特·巴彻（Robert Bacher）邀请费曼出马讲授这门课。费曼是担此重任的最佳人选。同是物理学家的劳伦斯·M. 克劳斯（Lawrence M.Krauss）在另一本传记《理查德·费曼传》中写道："费曼是一位天资超凡的演说家。他充沛的精力、通俗的表达方式、对物理的直觉以及他与生俱来的才华，使他在任何讲台上都散发出一种迷人的光彩。终其一生，他都不知疲倦地沉浸于以自己的思想来重建物理法则的知识体系。"

在两年时间里，费曼充满激情地向大一新生讲解自己对物理学的个性化理解。在加州理工学院大报告厅讲授的费曼物理学入门课程很快变得非常出名，吸引了很多研究生甚至教师来听课。加州理工学院迅速认识到费曼课程的价值，于是安排了一些教师做教学辅助，如设计问答环节和讲授复习课，以帮助学生们更好地学习。

费曼的课程被录像记录下来，他在黑板上书写的板书被拍照留存。最终，这些精彩课程由费曼的同事们（主要是罗伯特·莱顿）整理成三卷红色封面的《费恩曼物理学讲义》[一]。克劳斯写道："在现代物理学史上，从未有人以如此全面和如此个性化的方式，从头开始重新构造和组织关于物理学基本原理的整个知识库及其表述。"

[一] 大众通常称他为"费曼"，但在物理学界多采用"费恩曼"这个中文译名，《费恩曼物理学讲义》中文版也采用此名。

《费恩曼物理学讲义》是任何想成为物理学家的人的必读书目，也是少数冠以人名的物理学教材之一。实际上，它的广泛影响远非普通教材可比，在全球范围内该书的销量高达几百万册。费曼将艰深的概念化解为简单的词句，让大一新生也可以理解。

因此，如果你想知道费曼的物理学知识体系和他的空白笔记本是什么样的，那么《费恩曼物理学讲义》可能就是它的样子。与所有的教材一样，它的目录以层级式大纲呈现。不同的是，在三卷教材中，费曼已经将空白笔记本填得满满当当，并用他自己独特的方式讲解了物理学的每一个知识点。

让我们具体看看"费曼空白笔记本"与"费曼技巧"这两种方法。

费曼空白笔记本：你的空白课本

费曼空白笔记本方法分三步，如图 3-3 所示。

费曼空白笔记本方法

适用场景：复制一个主题或领域的知识体系，作为后续学习的工具

编写层级式知识大纲

把握主题领域知识的整体结构

在空白笔记本上展开知识大纲

将它变成有实体的存在

学习每个知识点

用自己的话为他人讲解

图 3-3　费曼空白笔记本方法

第一步：将你选定的主题领域的知识体系用层级式大纲的形式在一页纸上记下来。

第二步：在一本空白笔记本上将知识大纲展开。你可以设想，自己的笔记本是一本空白的书，在第一页写下目录，后面每页写下一个章标题或节标题。

第三步：用这本空白笔记本作为工具，学习每个知识点，然后用自己的话为他人讲解，并逐渐将空白笔记本填满。

你可以在一本薄的（比如 70 页的）空白笔记本上展开知识大纲。你也可以在电脑上用软件建立一个留有空白的文档，然后逐渐填满它。不过，如果你要进行的是持续数月的主题学习，始终放在手边的有形笔记本会是一个更好的学习工具。有目录、章名、节名的空白笔记本就像一个空白的课本。

费曼技巧：用教来学

广为流传的费曼学习法的准确名称应为"费曼技巧"(Feynman technique)[一]，它是费曼众多的学习与研究方法之一。它的思路是，当你尝试以通俗易懂的方式教他人一个知识点时，你能看到自己对知识点掌握的不足。因此，你可以通过向他人讲解的方式来促进自己的学习。费曼技巧包括五步，如图 3-4 所示：

[一] 一般认为，将费曼技巧总结并推向大众，使其成为风靡一时的学习方法的人是斯科特·杨（Scott Young）。他曾经用 10 天学会线性代数，并在家用 1 年完成了麻省理工学院（MIT）4 年 33 门计算机课程的学习。他著有《超级学习者》《如何高效学习》等书。

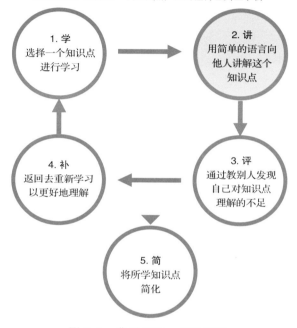

图 3-4 费曼技巧：用教来学

1. 学（即学习）：选择一个知识点进行学习。

2. 讲（即讲解）：用简单的语言向他人讲解这个知识点。

3. 评（即自评）：通过教别人发现自己对知识点理解的不足。

4. 补（即弥补）：返回去重新学习以更好地理解。

5. 简（即简化）：将所学知识点简化，从而深刻地印在头脑中。

其中，第二步是核心环节。你选择一个不熟悉该知识点的人，用简单的语言向他解释并教会他。在第四步，你继续学习以弥补所学知识的不足。然后，你回到第二步，再次为他人讲解。如此循环下去，直到自己真正掌握了这一知识点。

"费曼空白笔记本方法"与"费曼技巧"的适用场景不同：费曼空白笔记本用于整体学习，强调知识体系；费曼技巧则用于单个知识点，强调用教来学。

如果中小学生想要向费曼学习，综合运用这两种方法，可以这样做：在新学期的开始，为一门课程准备一本空白笔记本，在第一页写下目录，在各页填写章节标题；在整个学期中，对每个知识点运用费曼技巧，每学习一个知识点，就用简单的语言为他人讲解。

在费曼的研究室里有一块大黑板，费曼用它来做演算。在黑板右上角有两句话他一直留着、从不擦掉，这是他写给自己的箴言："我不能创造的，我无法理解。""知道如何解决每一个已被解决的问题。"这两句箴言正是费曼学习方法的本质，即用自己的方式解答问题，从而让自己能深入理解。在这里，费曼的"创造"是指用自己的方式重做，比如重新将原理、公式推导出来。

用简单的语言向他人讲解，也是费曼用自己的方式重做的方法之一。注意，这并不意味着过度简化，费曼向来都会想办法确保自己物理学表达的准确性。使用费曼技巧不是将问题简化成几个名词概念或采用类比来理解，而是将问题拆解到基本的步骤或核心的骨架，然后进行讲解。费曼在讲解时不会停留在原理或公式上，更不会停留在名词概念本身，而是把知识点放到具体的应用例子中去解释。

"我不能创造的,我无法理解。"——理查德·费曼

"知道如何解决每一个已被解决的问题。"——理查德·费曼

［ **实用小技巧** ］ 巧妙运用费曼技巧

形成你自己的费曼技巧讲解方法。比如：①以 90 秒讲解一个概念，设定为向同学讲解；②讲解前先明确写出问题和一句话回答；③列出包括五个条目的讲解提纲；④计时进行讲解练习，争取三次能做到能讲好。

采用技术手段协助讲解。比如，用手机录制自己的讲解，看视频回放找出自己讲解得模糊的地方。向 AI 讲解，并由 AI 给出评价与建议。你也可以让 AI 为你设计如何为特定的目标受众讲解，并请它草拟讲解提纲。

我们再换一种类比，知识体系可看成我们准备用来放置知识点的衣柜。有了可以分门别类放置衣服的衣柜之后，我们学到的知识点可以更好地各归其位。比起自己设计独特的衣柜并从购买木材起自己打造，买一个合适的衣柜是更好的选择。那么，我们怎么买到这个衣柜呢？

找一本书将它的目录抄录下来，然后就说这是自己复制的知识体系，这显然不是一个有效的方法。我们既记不住，也理解不了。类比来看，这相当于在商场拍了一张衣柜照片，这时你并不拥有这个衣柜。你还要付钱，将它运回家并安装好，在里面摆放衣服。你还要持续地打理你的衣柜，否则它可能会很快乱成一团。买衣柜的一个好方法是下一章介绍的"深度复制"。

本章要点

- 要学好一个主题，先要划定领域知识边界，这决定我们后续学习的安排与成效。
- 学习一个主题，我们可以从复制一个已有的知识体系开始。
- 我们可使用费曼的两种学习方法：费曼空白笔记本与费曼技巧。

「 **现在就行动吧！** 」

- 就一个你已经学习过的主题，用层级式大纲来梳理其知识体系：你先根据自己的理解，写出一个知识大纲，再找到一个已有的知识大纲，对比两者的差异。
- 就一个你想学习的主题，找一个已有的知识大纲。请你自问：在这个知识大纲中，自己能理解其中多少内容？
- 采用费曼技巧，花 30 分钟学习一个知识点：先学习，再向他人讲解；发现自己讲解中所反映的知识不足，查漏补缺。

第四章

深度复制

如何先突击学懂 70%

一个在金融公司工作的毕业生略感绝望：他的工作任务是编制报告，但他发现自己用 Excel 做数据处理花了好几个小时，而别人编写脚本程序一分钟就做完了。后来这个年轻人学会了编写简单的脚本，但他还是决定辞职。他想成为一名程序员，因为程序员处于数据处理流程的上游。问题是，他不会编程，他需要快速学会。

刚开始学习时，他已有的能力看起来能帮上大忙，比如他善于在互联网上搜索各种学习资料。但他很快发现："我总是上网，根本停不下来，好似有强迫症。"他做了一个反直觉且极端的决定，他要学习编程，却这样做："我把自己锁到一间没有电脑的房间里——只有编程课本、笔记卡片和荧光笔。"他在编程课本上做标记，将学到的关键点记录到笔记卡片上，然后大声读出来练习。

经过两个月无电脑封闭式学习之后，他终于掌握了必备的基础知识。之后，他去参加编程训练营，扎实的基础知识加上他在这个过程中训练出来的专注力，让他成为班里的优秀学生。之后，他顺利地成为一名程序员。这是杰森·本（Jason Benn）的学习故事。⊖

卡尔·纽波特（麻省理工学院计算机博士、乔治城大学计算机科学副教授）在《深度工作》一书中讲述这个案例时，他强调的是要摒弃浮浅的工作状态、进入深度工作状态。杰森通过屏蔽电子设备让自己的大脑达到深度工作状态，也就是"在无干扰的状态下专注从事专业活动，让个人的认知能力达到极限。"

学习时尽量关闭电脑与手机，屏蔽社交网络的干扰，这是很有用的启示。我不断想起这个案例，并将它的启示用在学习上。我发现杰森的做法里还有一个值得学习的亮点。我们学习的终极目标是达到 99%，甚至无限接近 100%，但最初的挑战是如何快速达到 70%。我们分神去上网查找很多看似有用的资料，其实都有逃避的成分。杰森的做法值得我们借鉴：短期集中突击。

学透一个主题领域的全过程

在实践中，我们逐渐将杰森的做法演化为一个结构化的学习流程，帮自己攻克学习内容最初的 70%。这就是本章的学习方法——深度复制五步：精读、重做、重制、重编、重讲。在学习一个主题时，你初步复制一个已有的知识大纲，而"深度复制"是指，我

⊖ 资料来源：纽波特.深度工作：如何深度使用每一点脑力 [M]. 宋伟，译.南昌：江西人民出版社，2017.

们像杰森一样，找到一个可当作这个主题的"课本"（Textbook）的资料，争取学懂其中的 70%，从而拥有一个已经理解的大纲。我们将学习资料统称为课本，它不一定是学校的课本，而是指你选择的主要学习资料。

让我们先退后一步，看一看自己在整个学习进程中的位置，然后再看深度复制的具体做法。以彻底学会一个主题为目标，学习可分为以下几个主要阶段，如图 4-1 所示。

初步准备阶段：明确学习的起点，界定学习的边界。通过初步学习，你了解了概况，明确了主题问题，设定了学习目标——你明确了这次主题学习的领域知识边界。

知识体系阶段：复制知识大纲。我们先复制一个已有的知识大纲，再全面学习一个课本，掌握其内容，这是深度复制发挥作用之处。

重点深入阶段：深入学习难点与疑点。在第五章到第九章我们将讨论如何快速学习、如何高效读书、如何学习一种技术工具等各种具体的方法。

输出理解阶段：以输出促进理解。在学习中，我们采用多种形式输出。除了常规的考试、论文、汇报，我们还建议针对这个主题学习为自己编写一份个人知识指南，详见第十章。

个人创新阶段：扩大形成作品与产品。如果你是有追求的学习者，你不会停在上一步，而会继续向前。你会将自己所学变成个人创新作品与对他人有价值的产品。

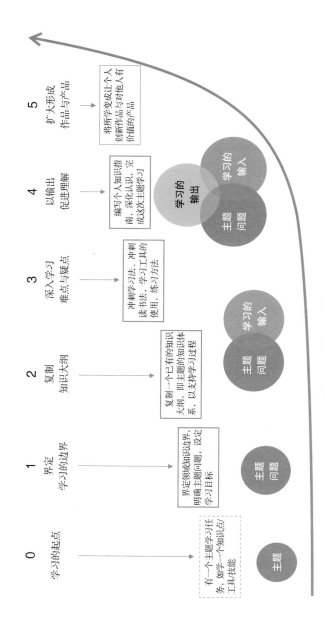

图 4-1 学透一个主题的全过程

0
学习的起点

有一个主题学习任务，加学一个知识点、工具/技能/

主题

1
界定
学习的边界

界定领域知识边界，明确主题问题，设定学习目标

主题
问题

2
复制
知识大纲

复制一个已有的知识大纲，即主题的知识体系，以支持学习过程

主题
问题

学习的
输入

3
深入学习
难点与疑点

冲刺学习法，冲刺读书法、学习工具的使用，练习方法

4
以输出
促进理解

编写个人知识指南，深化次认识，完成这次主题学习

学习的
输出

学习的
输入

主题
问题

5
扩大形成
作品与产品

将所学变成让个人创新作品与他人有价值的产品

深度复制五步：精读、重做、重制、重编、重讲

在上一章，我们复制了一个已有的知识大纲。现在，你选定一个资料作为课本，把其中的每一个知识点都"深度复制"成为你自己的。此时复制下来的内容，你仍做不到 100% 理解，你的目标是学懂 70%，但这比你只有一个知识大纲往前迈了一大步。请注意，在深度复制五步方法中，全部完成这一目标重于全部理解这一目标。深度复制五步具体可分为以下五步，如图 4-2 所示。

深度复制五步

适用场景：学习课本中的每一个知识点，学懂70%

图 4-2　深度复制五步

第一步：精读每个字、每一页。尽量搞明白所有疑点，但先存疑也是可选项，因为我们的目标首先是读完这个课本。

第二步：重做讲述、推理、公式等。如果有练习与测验的话，完成它们以客观了解自己的水平。

第三步：重制图示、图表、代码等。重新制作图示与图表，用电脑或纸笔重绘均可。如果是技术类学习的话，还包括实际运行其中的代码或实例。

这三步与传统的听课式学习类似：你要从头到尾听课、听讲解、记笔记。不过，我们主要选择书面的课本，并通过复制的方式来学习。你也可以采用 MOOC 作为你学习的辅助，与传统课堂不同，听 MOOC 时你可以自定学习节奏，但建议你以尽可能快的速度在短期内突击听完。接下来两步的做法将与传统的听课式学习有较大的不同。

第四步：重编课本。在学习中，我们会发现课本对自己来说有时会有一些不匹配之处，比如对你来说这儿没讲清楚，那儿缺少最新的内容，另一方面又有部分是冗余的。接下来，你重新编制这个课本，让它成为你自己的新课本。请记住，先遵循"只增不减"的原则，即只往里增加资料，增加个人的理解。我们称它为新课本，而非很多学习者所说的笔记，因为它不像笔记那样只记录要点，而是从课本的一侧延展开来的，且完整得多。

第五步：重讲。虽然你只懂了 70% 的内容，但现在你转换为老师的角色，按 10 分钟简介、30 分钟讲解、超长不限时全面讲解等方式为他人讲解。你缩减新编的课本（如忽略掉某些页）将其变成讲义，然后逐页讲授。如果你的学习时间充足，超长不限时全面讲解的效果最佳。

海绵思维、放慢速度、入门经典

深度复制五步用在学习一个主题领域的打基础阶段，我们应避免采用淘金思维，而是采用海绵思维，如图 4-3 所示。

图 4-3　在学习打基础阶段，避免采用淘金思维，而是采用海绵思维

淘金思维就是选择性地吸收自己认为优质的信息，需要我们对各种知识有深入的理解。如果运用不当，我们虽然学到了不少知识点，却错过了一些重点，导致我们的知识是不全面的。

海绵思维就是全面吸收所有的信息。在选定了知识大纲和作为课本的资料之后，我们不加选择地吸收每一个知识点，并全面接受知识大纲，这样做能让我们对这个主题拥有扎实的知识基础。我们应将淘金式筛选留到稍后的学习阶段去做。

精读、重做、重制均强调放慢学习的速度，以让学习者能更好地掌握知识。重制这一步骤是为了放慢学习速度而特别设计的。课本中的图表、图示通常包含很大的信息量。比起细看，如果从零开始将它们重新绘制出来，你会更深入地思考其中每个词的含义和流程图中每一线条的指向。

放慢学习速度的一个小技巧是对内容做格式转换。你可以进行这样的格式转换：将纸质版图书中的内容录入到笔记中；将大段的文字（即文章段落）转换成纲要式样的列表；将 PDF 里的文字转换放入普通 Word 文档；将连续往下阅读的文章变成可翻页阅读的 PPT 格式，并让每页仅有一个知识点；将 MOOC 的视频和脚本整理成图文并茂的讲义。你做的不仅是简单的转换格式，而是用这个过程来让自己换一种方式看内容。

随着电脑的普及，格式转换已成为我们学习的一种常用技巧。过去，当深入读书时，我们靠记笔记来对内容保持注意力，将书上的知识转换到自己的本子上。当我们学的课本是电脑上的电子资料时，格式转换能起到类似的作用。长时间盯着电脑容易感到疲劳，但当你开始复制、录入并调整格式时，困顿感消失了。格式转换在数字时代相当于用纸笔来记笔记。

「**实用小技巧**」 数字时代的逐字精读小贴士

在数字时代，我们要做到逐字精读不易，因为外界有太多的信息干扰，且我们习惯了跳读。如下是一些你可参考的逐字精读的技巧，目标是帮助你做到读到每个字和每个知识点：

● 带着铅笔、尺子、荧光笔、随手贴读印刷版课本。

用铅笔逐字画过每个字，用随手贴标记知识点。

- 用制作思维导图的方式阅读电子版课本。用两个屏幕阅读，一个屏幕显示电子书，另一个屏幕制作思维导图。

- 对比着读两个不同的版本。比如，读文字版并听语音版，你可采用阅读软件直接将文本转语音并朗读；对照读中文版与英文版，你可用 AI 工具将英文版资料翻译为中文版。

⌈ **实用小技巧** ⌋　重制图示的小贴士

关键图示（尤其是逻辑关系图、流程图、操作步骤图等）的信息量丰富，如下这些小贴士供你在重制图示时参考：

- 确定几个关键图示并对其进行重制，其中的框、线、箭头、文字等均尽量做到 100% 复刻。

- 重点关注图示中的文字，确保文字的准确性。如果图示是翻译版，将原文标上。

- 可用方格纸和铅笔手绘图示，也可在电脑上用常用办公软件绘制图示。

- 若较多的图示采用某种专用软件制作，比如流程图、时序图等，你也可以考虑采用相应的工具。

你可能会想："这看起来很费时，我有那么多时间吗？"有，因为这种方法只用于你想真正学透的主题。使用这种方法集中学习所需的时间，总体来说并不会比稍后频繁补充学习所花费的时间更多，相反可能更少。当然，如果完成以上全部过程需要一年甚至更久，那你选的领域知识边界就可能过大了。你应选择合适的领域知识边界，让自己在全力投入学习的情况下最多一个月就能完成深度复制五步的全过程，通常 1 ～ 2 周是较为合适的时长。

你已经注意到了，深度复制五步方法和传统的学习方法在思路上有一大不同——短期集中学透，这也正是穿透学习法整体所强调的。传统的学习思路是，我们花相当长的时间慢慢学习，将每一个知识点都学会；深度复制五步的思路是，我们首先在一个相对较短的时间（也许一周，最多一个月）内完成初步的学习过程。

我们将知识深度复制过来，但我们的目标仅设定为学懂 70%，如图 4-4 所示。有些知识点你还搞不懂，那属于 30% 的部分，你贴上"不会"的标签，提醒自己稍后去钻研。我们先攻克"学懂70%"这个难题，稍后我们会回来，再学习攻克那些贴着"不会"标签的地方。

用这种方式学习，我们在学习过程中往往有很多次从头到尾的循环：复制知识大纲，精读每一页，重做讲解、推理、公式，重制图示、表格等。如何处理循环的问题体现了每种学习方法的特点，而穿透学习法的重要特点就是多次循环与快速循环。

图 4-4　以学懂 70% 为目标，短期内多次快速循环学习

我们还要再补充讨论一下，既然我们要在课本上花这么大的精力，那么什么样的阅读资料可以作为课本呢？选一本好书就可以了吗？我们的建议是，选择那些可被称为"入门经典"的图书与资料，如图 4-5 所示。入门意味着它不会过于深奥，是为初学者准备的全面介绍；经典意味着它的内容质量高，且获得了广泛认可。

如果你打算从已出版的图书中选择，以下是一些建议：选用优秀教材、名家专著；选择专家推荐的入门图书；注意书名中有"导论""手册""讲义"及"第 × 版"等的图书；尽量选单一主题的图书，避免个人文集、资料汇编类的图书；建议选较新的图书、图书的新版。使用图书时，你可以选择全书，也可以仅选择相关章节。

如果你选用的是电子版资料，以下几点是你应重点关注的：类型上选经典论文、论文综述、技术手册与文档、使用说明书、教程

图 4-5 选择堪称"入门经典"的图书与资料作为你的课本

等；选择已经被翻译为多种语言的资料，特别是有着活跃社区共同编辑的资料；注意选择结构完整的资料，避免碎片化的资料；尽量避免选用行业报告类资料。如果你选用数字版资料，通常需要自行整合后再使用。

一般来说，正式出版的图书内容质量较高，是选择课本时的优选；数字版资料的时效性较强，那些持续迭代、版本号已经较大的资料通常也意味着高质量。

编自己的课本并讲给自己听

深度复制五步中，重编、重讲是取得学习效果的重要两步。

通过教他人，自己可以学到更多，越来越多的人在实践这个学习

理念。美国国家培训实验室的关于被动学习和主动学习的"学习
金字塔"图示被广泛引用，如图 4-6 所示。图中显示，通过"教
他人"能让学习者记住 90% 的内容。但在学习中，我们会发现没
有什么机会来教他人，教他人也从来不是必然经历的一环。

图 4-6　学习金字塔

资料来源：根据美国国家培训实验室图示重绘。

深度复制五步中将"重讲"这一步纳入，就是要彻底地改变这一
状况。在这一步，针对你决定深入学习的主题，你按照你新编的
课本（或你缩减后的讲义）从头到尾详细地讲一遍。

你可能觉得"重编课本"和"超长讲解"这样的做法似乎很少见。
实际上并不少，由于现在我们可以借助电脑来方便地录制自己的
讲解，因而有越来越多人在这么做。

2022 年，一个名为帕特里克的程序员公开为我们做了很好的示范。他在开源网站上公布了一份详尽的 Web3.0 编程的课程资料，并在视频网站发布了时长达 32 小时的课程。他不止一次这样做，他针对同一主题进行了多次不限时间的超长讲解。当然，他每次使用的编程语言都是不一样的，并非简单地重复。

高水平的专家有时其实也采用类似的学习方式。比如，很多高校老师在讲授一门新课时，有时经历的就是如上过程。他们虽是所在领域的专家学者，但有时就一门新课所涉及的具体主题而言，他们也是边讲边学，在编写讲义和授课过程中完成学习。在多次讲解后，有些优秀讲义最终会变成我们读到的教材。

你可能会问，我是一个初学者，谁会听我讲？你可以首先讲给过去的、现在的、未来的自己听。讲的过程你自问如下问题：过去的自己能不能听懂？现在的自己有什么启发？未来的自己是否会有更好的理解？求学的路上，我们会遇到很多身为初学者也要讲解的情景。例如，读研究生时的一个常见学习场景是，在组里的例会上向老师与同学讲解最新的论文。在工作中也有这样的场景，如我们才刚刚突击学习了一个技术，然后就要教同事们如何使用。

在重编背后，有人们常说的"把书读厚"的影子，但我们要做得更多。过去，我们可以在书上做标记、记笔记，在书中夹入资料，在笔记本上做更多记录，制作卡片。现在，我们可以将原有的课本变成新课本。在电脑里，我们可以直接复制或者自行录入课本的所有内容，加上其他补充资料、自己的笔记、重新制作的图表等，重组成新的课本。

如前所述，重编课本时要遵循"只增不减"的原则。在这一步，我们要避免判断什么是不重要的。这是从我学习中得到的教训。忽略掉的内容可能是很重要的，那样的话我们不得不回来补习，"为什么我当时没注意到！"

我们先把书读厚，再读薄。到了重讲阶段，我们开始把书读薄。这时，我们可以摆脱"只增不减"这条绳索的束缚了。即便是做最完备的超长不限时讲解，我们也无法将所有内容包含在内。我们须做出判断：什么是重点、什么不重要、什么是所有人都已知的。在电脑文档中，我们可以很方便地把不重要或常识性的内容隐藏。$^{\ominus}$

如李小龙所说："吸收有用的，摒弃无用的，再加上自己特有的。"在重讲之前，我们采用海绵思维吸收所有的知识点，压制自己采用淘金思维的冲动。在重讲的时候，我们会"摒弃无用的"。之后，我们会"加上自己特有的"，这时知识就真正成为自己的了。

你会觉得这样的学习过程很耗费精力，但在事后你会发现，这时投入的时间和精力是值得的，深度复制五步能让你为这个主题打下牢固的知识基础。

对照自己的新课本及讲义，一个个知识点讲解下来，你会明显感到自己的水平在大幅提升。你还可以用手机录下自己的讲解，重

$\ominus$　具体来说，如果用 Word，可以把该部分字号缩小；如果用 PPT，可以直接隐藏相关页面。使用一些网络笔记软件时，我们可以将某些不重要的部分折叠起来。

听一遍后评估自己的水平。如图 4-7 所示，重讲时你会更清晰地看到自己知识的不足。

图 4-7　重讲会让我们更清晰地看到自己知识的不足

如果还有精力的话，你可以再前进一步：将自己重讲的内容变成文字记录稿⊖。讲述相对容易，而将讲述转变成逻辑清晰的文字稿则更难一些。但如果能做到，你的收获将再次大幅提升。用文字形式将讲述的内容记录下来时，你的知识会变得精确，同时你能更好地验证自己学得怎么样。

每个人都可以运用深度复制五步来学习。比如，中小学生可以重编课本的一个章节，自己充当小老师进行 45 分钟的一节课讲解。请注意，这里的做法与费曼技巧一样都是"用教来学"，但它的要求更

⊖　现在你可以借助 AI 工具来帮你做。你用音频转文字的转录工具得到录音文稿，然后用 AI 将录音稿转为条理清晰的文字稿。这样，你整理文字稿的时间和精力不是放在文字整理上，而是放在核心内容上。

高——用几分钟讲一个知识点与用 45 分钟讲一组知识点有着很大的差别。

「**实用小技巧**」 将课本重编为 PPT 演示文档

假设你的课本资料是一个 20 页的图文并茂的电子文档，你采用 PPT 格式[⊖]重制课本。你可以按如下步骤：

- 整理课本的大纲，并转换为仅有标题的空白 PPT。大纲一级条目为每部分的标题，二级条目为每页标题，依次类推。
- 将电子文档的所有文字内容复制到 PPT 中。将段落改成列表，并将重点内容用不同颜色标出。
- 将课本中的图示、表格复制到 PPT 中。关键图示要重新自行制作。
- 增加补充资料，如名词解释、新案例以及你自己的理解等。注意，此时遵守"只增不减"原则。
- 微调内容的组织。比如，调整为一页一个知识点，按自己的理解调整顺序，将不重要的内容改为较浅的字体。

⊖ 你可以采用带有幻灯片模式（即类似 PPT）的在线文档工具来更方便地完成这个任务。这些文档可以让你在普通长文阅读和幻灯片翻页阅读之间方便地切换。一般来说，文档中的每个一级、二级、三级标题会直接以新的一页来显示。

「**实用小技巧**」 中小学生如何重编与重讲

假设中小学生进行重编课本和重新讲解这两步，并进行 15 分钟的讲解。在听过课之后，选定一节内容，如课本中的 2 页，然后这样做：

- 将课本内容、听课笔记各复印一份。
- 将课本内容分拆成 10 个部分，分别剪贴到 10 页白纸上，每页一个知识点。
- 剪裁听课笔记，贴至相应部分并按需添加新笔记。
- 为每页写上标题，并用荧光笔在课本与笔记剪贴上标出重点。
- 以作为讲义为要求调整页面顺序、增删内容，并进行讲课的准备。
- 两人一组，用 10 页笔记剪贴作为讲义，为对方进行 15 分钟的实际讲课。

「**实用小技巧**」 录制并重听自己的讲解

重看或重听自己的讲解，能让我们以旁人的眼光看待，因而我们能更清晰地看到自己的知识水平并加以改进。现在你可以方便地用电脑或手机录制讲解：

- 用手机录制自己的讲解视频，然后观看和考虑如何改进。

- 讲解 PPT 并用软件同步录制视频，然后观看和改进。
- 录音并对比如下几种情况下自己讲解的效果：无大纲与有大纲；无讲义与有讲义；无逐字稿与有逐字稿。

读到这里，你可能还有一个浅浅的疑问：这些方法似乎都不"聪明"，难道就没有巧妙、轻松的学习方法吗？

的确有很多巧妙的学习方法，但本书聚焦这些可能初看显得"笨且拙"的学习方法，是为了达成"完全学会"的目标。[⊖]如果能发现取巧的方法，那可能说明你主题选得不够难，学得也不够深。奥斯卡·王尔德（Oscar Wilde）有一句妙语："愚人创造了世界，智者不得不活在其中。"其实，能创造世界的人不会是愚蠢的；反过来，有时聪明可能意味着停留在自己熟悉的地方，而没有去尝试真正困难的学习。

用穿透学习法时，我们极大地压缩了学习周期。别人认为要花半年、一年学习的任务，我们试图将它压缩为短到一周、长则一个月。在这样的时间压力下，我们要有策略、有步骤才能完成学习

⊖ 虽然我们推荐采用"笨且拙"的学习方法，但我们反对死记硬背。这是因为我们认为，理解的重要性远大于记忆，现在更是如此。我们不必将宝贵的认知能力用于记忆资料的细节，有了互联网，我们可以更方便地检索信息。在我们的深度复制五步学习方法中，我们已经把要记住的资料放在为自己新编的课本中了，而不是死记硬背地塞进大脑里。

任务，多次循环与快速循环实际上是聪明的做法。

穿透学习法是抓住一个主题领域的知识大纲，并围绕它采用结构化的步骤，让我们快速完成学习的方法。它仅是初看有点"笨且拙"而已，从最终的效果看，它实际上是轻松的，毕竟，没有学好甚至一直不能完成学习才是真正的笨拙。

最后，让我们也尝试用一个类比来讨论深度复制五步。假设有一个用乐高积木搭建的大型乐园。我们先乘坐热气球在空中鸟瞰，再乘坐游览车沿着主路观赏，赞叹不已。之后，你以极慢的速度步行，走入小径，细看每一个细节。你还将用乐高积木搭建的每个城堡拆开，然后尝试着重新装回去。你在园景里又加入了一些新的建筑或布置。就这样，你几乎重建了整个乐园。最后，你开车带着别人游览这个自己重建后的乐园。

本章要点

- 深度复制五步：精读、重做、重制、重编、重讲。它适用于在你初步复制了知识大纲后进行全面学习，达成学懂知识大纲中 70% 内容的目标。
- 精读时，精读每个字、每一页。
- 重做时，重做其中的讲述、推理、公式。
- 重制时，重新制作其中的表格、图示等。
- 重编时，以"只增不减"为原则重编一本你自己的新课本。
- 重讲时，将新课本缩减为讲义，并全面、详尽地逐一讲解。

「 **现在就行动吧！** 」

● 选一个你需要 1 小时学习的主题，并选定一份资料作为课本。运用深度复制五步方法花 6 小时学习它：精读、重做、重制、重编各 1 小时，重讲准备和实际讲解各 1 小时。观察自己的学习效果有何变化。

第五章

深度冲刺
如何五天快速学透

为了短期集中学透一个主题，你复制了一个已有的知识大纲，用深度复制五步来学习课本中的所有知识点。下一步应该怎么做？现在来到了一个岔路口，在你面前有这样几条可能的路径：

- 你对自己的知识水平感到满意，停止了学习。这个选择隐含的一个认知误差是你的实际水平低于你以为的水平，即所谓"达克效应"，能力低者高估自己的能力。
- 你通过学习看到更多的未知，并展开广泛的学习。你看到很多未知的线索，并被带向更多相关的学习主题。
- 你认为自己已经掌握了知识体系，开始采用碎片化学习方式四处"狩猎"。随着时间的推进，你感觉自己掌握了丰富的知识，但偶尔也有隐隐的担忧，觉得自己的理解好像并不深入。

这三条路径其实都不是好的选择。穿透学习法的建议是，还要继

续采用一些学习方法去夯实知识体系。你可以采用的一种方法是
"做中学"（Learn by Doing）。如图 5-1 所示，对比"学然后做"
与"学与做循环"，你可以看到，应将"做"纳入学习过程。

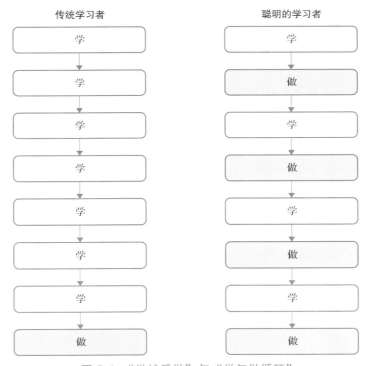

图 5-1 "学然后做"与"学与做循环"

在学与做的关系上，有两种不同的思路：一种是传统学习者，先
进行大量的学习，然后再做；另一种是聪明的学习者，将做提前，
使"学"与"做"交错循环。为了适应多种学习场景，这里的
"做"包含了较为广泛的含义，如表 5-1 所示。

表 5-1 学习场景示例

学习场景	传统学习者"学"	聪明的学习者"做"
学习知识	阅读资料、听课、记笔记	试着将知识教给别人
应对考试	错题本、反复刷题	试着变成出题人，出题然后解题
学习语言	读课本、听课	实际去说、实际去写
学习技能（如编程）	照着教程做	用所学技能做一个实际例子
学习技能（如演讲）	读书、撰稿与练习	寻求机会做实际的演讲

为了更好做到这一点，我们借鉴常用于产品迭代的设计冲刺法（Design Sprint），将其改造为冲刺学习法，它具有以下两个特点：一是立足整体视角，继续关注如何掌握知识体系本身，并据此安排学习的过程；二是"做中学"，由关注知识点转向更多地去模拟未来的行动。

从设计冲刺法到冲刺学习法

设计冲刺法是由谷歌风险投资部门的杰克·纳普（Jack Knapp）等人设计的一种在五天内完成互联网产品设计的结构性方法。在五天内，团队完成从产品构想到用户测试的全过程。

设计冲刺法深受硅谷产品快速迭代思路的影响，它主要参考了软件开发中一种名为 Scrum 的敏捷项目管理框架。Scrum 的名字源自橄榄球运动。像准备大型比赛的橄榄球队训练一样，软件开发团队也设定固定的训练周期，举行特定的会议仪式，按周期进行重复迭代，快速提升团队的水平。

整个训练被拆分为一系列迭代周期，每个周期被称为一次冲刺

（Sprint）。通常，一次冲刺的时长是一个工作周，即五天，通过一次次冲刺最终完成开发任务。每次冲刺结束后，开发团队都会进行反思，以改善工作方法[○]。如果拉近了细看，冲刺不只是简单地向前冲，它是一个向前、向后、再向前的循环，在一个冲刺中你会经历多次循环，如图 5-2 所示。

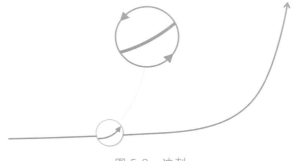

图 5-2　冲刺

Scrum 与冲刺原先主要用于软件开发，在产品设计完成后，软件工程团队用多次冲刺完成开发。设计冲刺法是将冲刺用到产品设计这个环节。产品开发通常由多个冲刺周期组成，而设计冲刺法关注的是最初的那一次冲刺，并设定一个大胆的目标：如何五天完成产品的设计规划？

为了在五天内完成产品设计，设计冲刺法将整个过程拆分为一系列具体可执行的步骤。冲刺之所以有效，是因为它不是盲目猛冲，

○　设计冲刺法参见杰克·纳普等著的《设计冲刺：谷歌风投如何 5 天完成产品迭代》。如果你想了解 Scrum 方法，可阅读 Scrum 发明者、《敏捷宣言》起草人之一杰夫·萨瑟兰（Jeff Sutherland）所著的《敏捷革命》。

而是"有系统的冲刺",有明确的步骤与对应的技巧。杰克·纳普等向我们展示了,在谷歌风险投资部门内部,采用设计冲刺法五天完成产品改造设计是可行的。他们将产品改造设计的全部环节先打散再重新组合,形成一个为期五天的设计冲刺流程:⊖

- 周一,描述问题、确定目标。
- 周二,列出备选方案。
- 周三,选出最佳方案。
- 周四,制作真实原型。
- 周五,目标用户测试。

产品设计过程的实质是一种学习的过程,学习用户的需求,并将其转化为产品设计规划这个成果。在《设计冲刺:谷歌风投如何5天完成产品迭代》中,纳普写道:"设计冲刺不会直接产生一个完美无缺、可立即使用的产品,但它能让你迅速取得进展,并且非常确定你走的是正确方向。"

设计冲刺是整个产品开发长跑中的首个冲刺,与我们在学习时所处的情况是相似的:一方面,学习是我们在一个主题领域内探索的第一步,之后我们还要去实践、去创造;另一方面,进行一次主题学习、获得知识体系又是我们学习的首个冲刺。

冲刺学习法是设计冲刺法在学习上的应用:用"五天十步"完成一次主题学习。你可能会问,五天冲刺去全面学习一个新主题,

⊖ 资料来源:纳普,泽拉茨基,科维茨.设计冲刺:谷歌风投如何5天完成产品迭代[M].魏瑞莉,涂岩珺,译.杭州:浙江大学出版社,2016.

是不是过于激进了？这也是很多人最初看到设计冲刺法时的疑虑：五天完成一次重大的产品迭代设计，是否过于激进了？我们不应该仔细调研、规划和设计吗？其潜台词是，即使再敏捷，也应该以数月为周期来考虑。

通常，我们会计划用数年来掌握一个新领域的知识或技能。但让我们回想一下自己曾经的一年期学习经历，实际情况可能是这样的：如果你是参加课程学习，那么一年中的课程安排就决定了你的学习节奏，但很多人会在考试前熬夜恶补；如果你是采用自定学习节奏的学习方式，可以自己安排何时看视频课、看书与练习，除非你是高度自律的学习者，否则多半会在最后截止日期才学完全部课程。

理想情况下，我们每天规划出学习时间，并以坚定的步伐到达最终目标。然而，除了上课学习的中小学生或很自律的学习者，多数人的实际学习情形其实就是冲刺。既然实际情况如此，我们为何不将冲刺的过程优化并系统化，将其提前到学习的最开始阶段呢？

每种学习方法都有其适用场景。我们并不是说冲刺能取代所有学习方式，而是说用冲刺来让我们原先的猛冲变得更高效。那些必不可少的钻研、练习、训练你还是得去做的。举例来说，学习一种写作方式，你先短期集中了解它的方法和优秀范例，之后再持续地练习；学习一种新编程语言，你先短期集中看完文档并初步运用，而不是半年后还停留在学习资料 30% 进度处。

外界正在高速变化，传统的长周期学习很多时候不再适用，我们的学习经常需要短期冲刺。当新的工具下周就要投入使用时，你没有时间报名参加一个为期三个月的培训课程。当学习前沿主题时，花一年打基础是不可行的，因为等你学完时，可能前沿又往前推进了一大步，你会发现自己比开始学习时还要落后。

冲刺学习法强调快速，但依然遵循学习的基本逻辑，变化的仅是具体的做法。例如，在大学课堂上，老师精心选择知识点，设计成授课、自学、作业和考试等形式，用结构化的方法让学生在一学期里掌握一门新知识。采用五天冲刺学习法，我们将学习内容聚焦、缩短周期，并着重强调学与做的融合。

冲刺学习法还特别适用于快速学习一个陌生的领域。陌生感会给我们制造很多学习障碍，而我们可以用冲刺学习法有策略地冲破障碍。

冲刺学习法：五天十步完成学习闭环

冲刺学习法包括五天十步，如图 5-3 所示。你就像探险路线的设计者一样，探索一个陌生领域。

- 周一：地图日。你设定预期成果，并努力获得这个陌生领域的地图，了解它的概况。
- 周二：侦查日。你徒步走遍各处，尽量侦查多种可能的路径。
- 周三：选择日。你深入难点探查路径，最终选择最优路径。
- 周四：原型日。你在沙盘上演练并迭代路径，制作路径原型。
- 周五：交卷日。你向他人展示路径原型，并获得他们的直接反馈。

冲刺学习法：五天十步

适用场景：与实践相关的主题学习以及快速掌握陌生领域的主题学习

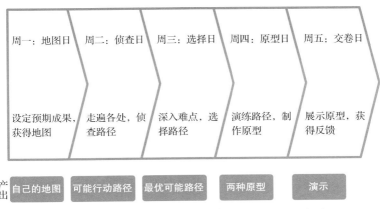

图 5-3 冲刺学习法：五天十步的结构化学习方法

你可以将这个五天冲刺学习法用在各种学习场景：学习新学科知识（如看懂霍金的《时间简史》或掌握机器学习的数学基础）、学习新的技术技能（如学会用 Python 处理 Excel 数据）、学习通用工作技能（如学会召集与主持讨论会）、了解一个新行业（如对电动汽车行业做资料调研）等。通常来说，它较适用于与实践相关的主题学习以及快速熟悉陌生领域的主题学习。

地图日、侦查日、选择日、原型日、交卷日

接下来按每一天讨论在采用冲刺学习法的过程中可以使用的技巧与要注意的事项。

周一：地图日

- 第一步：设定预期要达成的成果。
- 第二步：绘制出一张自己的地图。

在第一天，你要再次确认一些问题：

1. 是否界定了清晰的领域知识边界？并再次判断：冲刺学习法是否适用于这次学习？

2. 是否准备好了必备的学习资料？是否准备好了堪称入门经典的图书与资料？

3. 这次主题学习的目标是什么？在学习结束时，如何衡量是否成功达成了学习目标？

4. 学习通常是为了回答一些疑问，那么，你要回答的疑问是什么？

5. 将以何种形式展示你的学习成果？

在正式开始冲刺学习法之前，对前三个问题你应该已经有了答案。

第一步，聚焦第 4 个和第 5 个问题。学习前，自己有哪些疑问？要将它清晰地写下来。学习后，对这些疑问的回答是什么？学习结束时，要形成的成果是什么？这些成果可以是笔记、计划、分享、文章、样例、草稿等。你要带着明确的疑问和预期成果开启学习之旅。预期成果将指引你五天的学习。

第二步，要自己"绘制"这个领域的地图。在陌生的地方，你需要地图。如大型购物中心的指示图有"你所在的位置"标志，这能帮你快速消除陌生感。地图是知识体系的又一个比喻。我们之前建议复制一个已有的、被广泛接受的知识大纲，这里，我们建议你去找一个地图，并根据它绘制出你自己的地图。

周二：侦查日

- 第三步：实地侦察，对比地图和实际情况。
- 第四步：确定几条可能的行动路径。

你已经绘制了一张简易的地图，它类似从飞机上所侦察到的全貌。

但在第二天，你必须到地面上。

第三步，你要脚踏实地侦察。例如，程序员初步学习一种新的编程工具的过程通常是先阅读官方文档来了解基础知识，再照着网络教程写出一个简单的示例程序。接下来，他们会尝试用这个工具去解决自己的问题。

如你所见，冲刺学习法建议始终带着清晰的预期成果来学习，这样你会自然地进入第四步。

第四步，初步尝试后，你确定几条通往目标的可能行动路径。学习资料通常按知识点组织，好的资料会有完善的知识大纲，但这次你的学习目标不是了解每个知识点，而是带着一个要解决的问题来寻找它的答案。你会重点关注与自己的问题紧密相关的知识点，而暂时忽略不相关的。带着明确的"成果意识"学习，你找到了几条路径。

周三：选择日

- 第五步：钻研要点、难点与疑点。
- 第六步：选出最优路径。

下面来看一个工作中的学习场景。工作中也有很多学习，比如学习新工具、新流程、新做法以及了解新行业等。假设你是一个新经理人，想要学习"如何开会"。通过第一天"地图日"和第二天"侦查日"的学习，你已经了解到作为新经理人要学的一种重要开会形式是你每周都要组织的与下属的例会。你也通过阅读比如《格鲁夫给经理人的第一课》学到开例会的技巧。但你真正关心的是："我马上就要走马上任了，第一次作为主持人召集部门例会，我该怎么做？"

你必须深入钻研并真正地掌握，因为很多实用的技能仅靠读书和看资料是学不会的。就开例会的技能而言，你会回忆自己作为成员参加例会的经验与教训，你向专家、领导、顾问请教，也将方案拿给同事请他们给出建议。简言之，要精通要点、学会难点、消灭疑点。

深入钻研之后，就到了决策的时刻——选出最优路径。在多个备选方案中，最终一个方案脱颖而出，于是你在地图上标记出这条路径。

周四：原型日

- 第七步：制作第一种原型——向他人讲解这个主题。
- 第八步：制作第二种原型——制订一个执行计划。

设计冲刺法中将第四天叫"原型日"，在冲刺学习法中沿用这个说法。所谓原型就是模型，各种原型可以帮你测试想法的合理程度。比如，生产一辆汽车，需要先用黏土制作一个原型。又如，拍摄一部电影，故事梗概、剧本是早期的原型，导演画出来的分镜头脚本是更细致的原型。

在冲刺学习法中也需要原型。通过做来学是一个好思路，但真正实际去做时可能成本高、耗时长且无法反复演练，而原型能解决这些问题。

亚马逊公司的"新闻稿原型法"是一种非常精彩又很实用的原型方法。你要推出一个产品或发布一项新服务，先假设它已经完成，你就此写一篇公司对外发布的新闻稿："我们为您推出了新产品，它将给您带来……"新闻稿就是你要做的事情的原型，它同时提供了内外两种视角：撰写新闻稿时，你从内部视角进行总结，我们怎么做；阅读新闻稿时，你从外部视角进行评价，顾客和其他利益相关方怎么看。实际上，我们在学习中常用的"教中学"等方式都很接近于新闻稿原型法。

在周四"原型日"，你可以分别做两种原型。第一种原型是像费曼技巧说的那样教他人。在这里，可以更具体地借鉴来自 TED[⊖]演讲的经验。建议你这样更明确地定义原型：像 TED 演讲那样，用 18 分钟讲解一个主题。你采用 TED 演讲的设定，按它建议的技巧做演讲：面向不熟悉这个主题的大众；聚焦一个想法；用听众熟悉的概念来表达；让你表达的想法值得被分享。

第二种原型是制订一个执行计划，即你运用学到的知识，准备如何一步一步实际完成一项具体的任务。例如，学习 AI 绘图后，计划如何一步一步制作一个绘本；学习一种新的学习技巧后，制订计划去实际运用。

请务必写下详细的执行计划。写下计划会让你的思路变得清晰，写的过程也是迭代想法的过程。再一次建议，你要确保计划仅有一页纸，这会让你容易抓住要点，也让你始终保持整体感。

⊖ TED 是全球知名的知识演讲活动，线上有很多 TED 演讲案例可直接观看与借鉴。关于如何做 TED 式演讲有很多图书，推荐你参阅 TED 创始人克里斯·安德森（Chris Anderson）所著的《演讲的力量》一书。

TED 式演讲和制订执行计划是两种互补的原型：通过 TED 式演讲，你能俯瞰全局；制订执行计划则让你回到实际、脚踏实地。

周五：交卷日

- 第九步：展示原型，听取反馈。
- 第十步：复盘并决定下一步行动。

在"交卷日"，你完成原型展示并决定下一步行动。

一次主题学习不是以合上书本和笔记作为结束，而是以向他人展示原型、听取反馈作为结束。它其实是一种新形式的"考试"，你得在最后截止时间前交卷。最后期限的紧迫感会激励你进行最后的冲刺，而来自他人的反馈能让你客观评估自己的学习成效。

的确，在很多时候，在学习的最后你面对的不是考试，而是汇报学习成果。制作原型是汇报学习成果的一种好方式，你能获得直接的反馈。人只有看到一个实实在在的、具体的事物时，才能更准确地做出反应："我要的就是这个"或"这不对头"

在冲刺学习法开始时，你设定了预期成果，它引导着你五天的学习。在最后一步，你将实际成果与预期成果进行对照，然后决定下一步的行动计划。你还应留一点时间回顾总结这次学习的经验教训，为下一次学习冲刺做好准备。

以五天为周期是一个合理的安排，它能容纳相对较大的一整块学习，你可以从容地进行"做中学"的各项任务。选择五天也是一种务实的选择，如果进度落后，你可以用周末两天来进一步加速冲刺。当然，你可以根据自己面对的学习场景来调整周期。比如，你可能只有更短的时间（如一天时间）来完成学习任务；如果时间宽裕，你也可以适当放缓学习节奏，如将周期调整为一个月。

最后，用学习中常见的读书为例来看一看如何运用冲刺学习法。下一章我们还将更深入地探讨如何读书。

你使用冲刺学习法阅读莫提默·艾德勒（Mortimer J.Adler）等著的《如何阅读一本书》中的几个章节，并掌握如何用其中的分析阅读方法来读书〇。在这本阅读方法著作中，艾德勒和范多伦将阅读分为基础阅读、检视阅读、分析阅读和主题阅读。你的目标是掌握分析阅读方法，并制订自己的分析阅读计划。

你有五天的时间。

───────────

〇　资料来源：艾德勒，范多伦.如何阅读一本书［M］.郝明义，朱衣，译.北京：商务印书馆，2019.

第一天，你略读全书，并详读约 100 页的第二篇"分析阅读"。读完后，你拥有了分析阅读的地图。比如，你了解到作者所列的 15 个分析阅读原则（前 8 个是关于阅读，后 7 个是关于评价）。

第二天，结合自己过往阅读的经验和教训，你认识到，书中所讲的分析阅读原则三（透视一本书的架构并列出全书纲要）、原则七（用书中句子重新架构作者的论述）是你个人要特别关注的。你开始拿几本书尝试这种方法。

第三天，你用学到的分析阅读方法制订自己的读书计划。你列出一个包括 12 本书的书单，计划一个月一本，用分析阅读方法读完，并完成相应的笔记。

第四天，你选一本书演练你的读书计划。你制定一条自己能落地执行的合理路径，比如，用思维导图方式为每本书制作详细纲要，用书中的原话并用 PPT 演示文档重新架构其中一章核心内容的论述。

第五天，你将自己用分析阅读方法制订的计划整理好。你向老师和朋友请教，听取他们的意见并调整成你将实际执行的读书计划。

在第七章中，我们还会深入地探讨如何将冲刺学习法用于读书。在本章及第七章中，你能看到这样的方法演进过程：杰克·纳普等人借鉴了 Scrum 方法中的冲刺概念，并将它变成设计冲刺法；我们将它变成适合某些学习场景的冲刺学习法；接着，我们又将这种方法用在更特定的场景中，并将其改造为冲刺读书法。这实际上展示了我们最为自得的一种学习技巧：借鉴好的方法，改造后变成自己的方法，并实际运用。

本章要点

- 冲刺学习法源自软件开发的敏捷方法，让你用五天十步完成一次主题学习。五天分别是地图日、侦查日、选择日、原型日、交卷日。
- 冲刺学习法的思路是聚焦学习范围、缩短学习周期、融合学与做，以结构化步骤快速完成一次学习闭环。
- 冲刺学习法特别适用于快速学习一个陌生领域，它能帮我们迅速消除陌生感。

「现在就行动吧！」

- 选定一个你想学习的主题，用 30 分钟来完成一项任务。假设你用冲刺学习法学习它，对于五天十步，你分别如何做？总体的预期成果是什么，每个步骤的预期成果又是什么？请将总体的预期成果、每步的做法及每步的预期成果写下来。

第六章

深度练习
如何通过刻意练习提升水平

本杰明·富兰克林（Benjamin Franklin）决心训练自己的秩序、决心、勤奋等，于是他制订了一个大胆又艰巨的计划并加以实施。在他流传数百年的自传中，他详尽、坦率地分享了自己的做法。

在写这一章时，因为要探讨富兰克林如何进行写作练习的故事，我回忆起自己曾经照着他的计划、按他的方式绘制表格去做。由于他的传记影响甚广，应该有很多人也曾这么做。⊖富兰克林改变习惯的方法也是他的实用主义的极好示范。他是用如下四步和其中提到的表格做到的：

第一，选定 13 个要训练的名目及其对应的规诫。例如，名目"秩

⊖　我们也略有担心，在一章的开头讲这样的例子，会让读者误解本章是陈词滥调并忽略掉这一章。必须说明的是，本章包含很多种现代的练习方法。同时，冒险这么做是值得的，因为单单用富兰克林的记录表格，就能大幅度改进学习中的练习效果。

序"对应的规诫是"放东西各归其位，办事情各按其时"。在设定名目时，他这样做：宁可多设名目、少附概念，也不可少设名目、多附概念。这样做能让每个名目下的概念尽量清晰明了。

第二，他绘制一个表格来训练习惯。他的表格是这样的：每周一个表格，表格横向是一周的七天，纵向是所列的 13 个名目。他在一周内用这个表格进行记录，一个季度用 13 个表格。他的思路是："我认为最好不要同时全面开花，这会分散注意力，应当一次专注于一项，等把这一项掌握透了，再试下一项，这样循序渐进，直到我把 13 项统统做到。"

第三，每一周他重点关注一个名目。假设这一周他关注"决心"："决心去做该做的事情，做就做到心想事成。"在这一周，他对这个名目"严防死守"，不做任何触犯这一原则的行为，其他名目则顺其自然。每天晚上，他会回顾，并在表格中用黑点标出决心和其他名目下的错误。如果这一周"决心"上没有黑点，他就算完成了这一周的目标。

第四，下一周他切换到下一个名目，对这个名目严防死守。他尽量争取上周与这周的名目上都没有黑点。如此循环下去，在一个季度里逐一聚焦 13 个条目。季度末，他完成全部流程。接着，他用新的本子再次开始，一年四个周期持续练习。经过几年练习，他在各个习惯上均能做得很好，一个季度下来，他得到了一个没有黑点的本子。

我们学习知识、工具和技能时，练习在这三类学习中都扮演着重要的角色。尤其在技能学习中，"刻意练习"（Deliberate Practice）是公认的方法。早先，大众熟知的是所谓的"一万小时定律"，即一件事重复做一万小时，就可以从新手变成高手。"一万小时定律"强调练习时间和练习数量。现在我们已经知道，关键的不是时间，单纯花更多时间是"天真的练习"（Naive Practice）。在天真的练习和刻意练习之间还有一种练习，即"有目的的练习"（Purposeful Practice）。

真正的难题是：我们如何做到刻意练习？在本章中，我们将探讨练习的本质，然后学习一组深度练习的方法，如图 6-1 所示，包括：①在导师指导下练习；②将知识可视化；③做最小可行产品；④在网上公开学习。

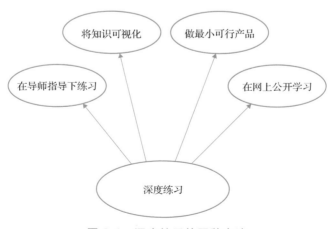

图 6-1　深度练习的四种方法

天真的练习、有目的的练习、刻意练习

"一万小时定律"是由畅销书作家马尔科姆·格拉德威尔（Malcolm Gladwell）从心理学家安德斯·艾利克森（Anders Ericsson）的一项研究中归纳出来的。在意识到它形成的巨大影响及部分误导后，艾利克森自己写了《刻意练习：如何从新手到大师》一书来告诉大众原理是什么、该如何做 ⊖。

"一万小时定律"简单易执行，抓住了大众眼球，但实际上它略有误导性。比如，"一万小时"看似量化可执行，但细算一下，需要练习一万小时，岂不是意味着几乎毫无希望成为高手？我们每天练习一项技能 2 小时，一年练习 365 天，需要练习约 13.7 年！我们明明见到很多技能高超的年轻人，也见过转行没几年就成为顶级高手的人。

格拉德威尔分析，披头士乐队差不多花了一万小时才出名，这是"一万小时定律"的关键证据之一。但是，披头士乐队出名前的准确练习时间可能只有 1100 小时。艾利克森还认为，格拉德威尔在讨论披头士乐队时将演出和练习混淆了，他认为这是个严重的错误。为乐迷表演并不一定能提升能力，真正能提升他们能力的关键是自己写歌和创作这样的练习。当然，读到这个观点我也忍不住要与艾利克森辩论一番：有必须出色表演的压力、有现场观众反馈的正式演出，难道不同样能提升乐队的能力吗？不管怎样，

⊖ 参考资料：艾利克森，普尔.刻意练习：如何从新手到大师［M］.王正林，译.北京：机械工业出版社，2016.

当艾利克森出面校正"一万小时定律"时，学习者终于松了口气，不再被"一万小时"困扰。

"一万小时定律"不完全正确，但有一点确实是对的：要想掌握高超的技能，需要付出努力。格拉德威尔写道："人们眼中的天才之所以卓越非凡，并非天资超人一等，而是持续不断地付出了努力。只要经过一万小时的锤炼，任何人都能从平凡变成超凡。"艾利克森也承认时间和努力的必要性："在任何一个有着悠久历史的行业或领域，要想成就一番事业，变成业内的专家级高手，都需要付出许多年艰苦卓绝的努力。"

格拉德威尔的错误，或者说大众简单地相信"一万小时定律"所犯的错误是，认为只花时间练习就够了。其实"一万小时"（或者其他的时间数量）不是成为高手的充分条件，因为即使你练习了足够的时间，也不一定能成功；它也不是必要条件，因为你可能不需要那么多时间。

简单地看"一万小时定律"的人进行的是艾利克森说的"天真的练习"。我们应进一步到有目的的练习，然后再进化到采用刻意练习的方法。如图 6-2 所示，有三种练习：天真的练习、有目的的练习、刻意练习。

天真的练习是指"基本上只是反复地做某件事情，并指望只靠那种反复就能提高表现和水平"。你以为在练习，可能仅是原地踏步。

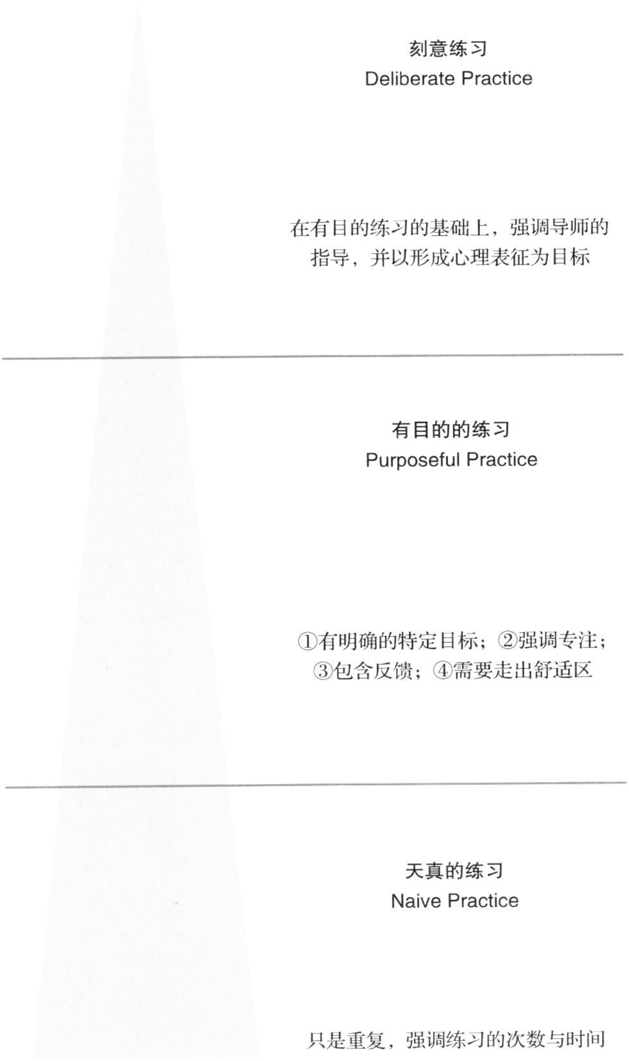

刻意练习
Deliberate Practice

在有目的练习的基础上，强调导师的
指导，并以形成心理表征为目标

有目的的练习
Purposeful Practice

①有明确的特定目标；②强调专注；
③包含反馈；④需要走出舒适区

天真的练习
Naive Practice

只是重复，强调练习的次数与时间

图 6-2　三种不同的练习

往前进一步的是有目的的练习。按艾利克森的描述，它与天真的练习有四大不同：

第一，它有明确的特定目标。
第二，它强调专注。
第三，它包含反馈。
第四，它需要走出舒适区。

艾利克森以一个练习钢琴的学生为例：第一，要进行目的明确的练习，而不是漫无目的地练习。也就是说，要有明确的目标，如连续三次不犯任何错误，以适当的速度弹奏完曲子。第二，要想取得进步，必须完全把注意力集中在自己的任务上。第三，当练习时，必须能知道自己做得对不对、好不好。提高技能首先需要提高鉴赏能力。如果自己实在无法判断，那么就要请老师来提供反馈。第四，如果从来不迫使自己走出舒适区，便永远无法进步。

刻意练习则是往前再进一大步。所谓的刻意练习，是基于认知科学的研究成果而来的。人的大脑具备近乎无限的适应性，大脑天然地是为学习设计的，大脑神经元可以"重新布线"，让我们能够学会新技能。在有目的的练习基础之上，刻意练习有两大变化。

第一是导师指导。

刻意练习多应用于那些专家级高手与新手之间差距明显的领域。有目的的练习和刻意练习的关键差异在于，有目的的练习是我们自己进行练习，而刻意练习是在导师的指导下进行练习。导师知道专家级高手的表现是什么样的，知道他们为什么能做得这么好，也知道他们在做事时是如何思考的。这名导师不一定是一个具体的人，从下文富兰克林学习写作的案例中我们可以看到，他以优秀的作品作为导师。

第二是注重心理表征（Mental Representations）。

刻意练习注重通过改善练习者的心理表征来达到卓越表现。我们能用大脑想象自己做一个动作的每一个细节，通过反复想象动作的过程来训练自己。

艾利克森提出用"三个 F"创建有效的心理表征：专注（Focus）、反馈（Feedback）以及纠正（Fix）。以健身房锻炼为例来总结三种练习方式的差异。天真的练习相当于我们每周去一次健身房，随便晃悠一圈，各种器械都摸一下就觉得自己锻炼了；有目的的练习则是我们有明确的训练目标，然后展开有规律的训练；刻意练习则是在专业教练的指导下制订训练计划，进行针对性训练，并着重训练动作背后的心理想象。

你可能也注意到了，刻意练习需要建立在有目的练习的基础之上。本章开头提到的富兰克林的表格可以用在练习中，让我们更好地计划、执行与评估训练的进程。

练习一：在导师的指导下练习

刻意练习是对有目的练习的改进，如前所述，一大改进是强调导师的指导。简单地说，运用刻意练习的方法是：首先找出领域中的专家级高手，了解他们的表现，看他们是如何做到的。我们在通晓高手表现的导师的指导下进行训练，能让我们也达到专业水准。

在《刻意练习：如何从新手到大师》中，艾利克森详述了美国海军王牌飞行员学校的教官如何培训战斗机飞行员，这个故事也被拍成了电影《壮志凌云》。20世纪60年代末，这个训练计划极大地提升了战斗机飞行员的战斗力。战斗机的战斗力指标是"每次交战杀敌"的统计数据。之前，美国战斗机每5次遭遇敌机能击落1架；在这个训练计划启动后的1972年，美国战斗机每次与敌机遭遇，平均击落1.04架。换句话说，几乎每次与敌方遭遇都能击落1架敌机。

带来改变的是新训练模式，它也开了假想敌训练模式的先河。具体的做法是这样的：进入训练计划的都是优秀的飞行员，但他们的教官更厉害——教官是海军中最优秀的飞行员。学员和教官每天开着战斗机升空，展开空中搏斗，学员是己方，教官是敌方，学员们总被"击落"。回到地面，教官和学员立刻召开战斗报告会，教官开始询问学员一系列问题：

- 你在空中注意到什么？
- 你是如何行动的？
- 你为什么那么选择？
- 你犯了哪些错误？

- 你可以如何改进？
- 你可以怎么改变战术？

第二天，学员和教官再次升空进行模拟战斗。在空中，他们训练实战技能；在会议室里，他们复盘以锻炼思考能力。

我们可以看到，在训练过程中，教官的角色至关重要：

第一，教官在实战模拟中担任高水平的敌方，配合学员训练技能。
第二，教官给学员安排有针对性的练习，让他们走出自己的舒适区。
第三，教官给学员即时反馈，例如直接"击落"学员的飞机。
第四，回到地面，教官与学员展开讨论，提升学员的思考能力。

当我们要学技能时，由导师作为对抗对手来进行实战训练是非常有效的。在空中，学员们练习战斗技能；在练习回来后的战斗报告会上，他们练习思考能力。两者结合起来就提升了飞行员的水平。

在导师的指导下练习是个好方法，但有个小问题：如果没有能面对面指导我们的导师，该怎么办？我们可以借鉴富兰克林练习写作的方法，找一个"特别的老师"。

大师课：富兰克林如何刻意练习写作

如果我们所要训练的是形成某件最终作品的技能，我们可以拿作品当导师。富兰克林学习写作的例子是在导师的指导下刻意练习的典范，不同的是，他的导师不是一个具体的人，而是优秀的作品。

富兰克林参与了美国多个重要开国文件的撰写。在自传中，他讲述了自己学习写作的经历，他以优秀的作品作为自己的"导师"。

富兰克林跟着《观察家》这样一份优秀的报纸学习写作：首先，他选择自己喜欢的文章，仔细阅读；然后，他将文章放在一边，用自己的话重新写一遍；写完后，他拿自己写的与原文进行对比并反复改写，让自己的文章能像原文那样用词精准、简练。

在练习过程中，富兰克林发现，自己与他模仿的写作大师之间的主要差距是自己的词汇量不够：他认识那些词，但在写作时不会自然地使用那些词。

富兰克林再进行第二种练习。他认为，写诗可以迫使他更好地运用词汇。写诗需要押韵，因而要求写作者更努力地寻找最精确的词。富兰克林将《观察家》的文章改写成诗歌，以训练自己运用词汇的能力。

富兰克林还进行第三种练习，即聚焦文章的总体结构和逻辑。文笔和词汇是一回事，文章总体结构和逻辑则是另一回事。他以《观察家》报纸上的文章为模板，将文章中的要点记录下来，打乱顺序；然后，他按自己认为最符合逻辑的顺序，重新组合这些线索并写成文章；他拿自己写的文章与原文的总体结构进行对比，纠正自己的错误，并从错误中汲取经验教训。

总之，富兰克林学习写作的方法是跟着优秀的作品进行有针对性的练习，通过对照发现自己的不足并改进它。

学习很多技能时，我们都可以采用富兰克林的方法。丰田"一页纸报告"（丰田精益报告方法）是一种分析问题和解决问题的有效方法。浅田卓在丰田工作时学习了这种方法，并通过《一页纸学习法》一书向大众推广。他最初的学习方法是阅读和模仿丰田内部前辈留下的大量优秀样板。我们也可以应用此方法，比如，我们学习编程时，可以研究优秀的开源软件代码，尝试自己练习实现它的逻辑，并与原来的对照，在练习和对照中提升自己的编程技能。

在这里，我补充记录一个自己深受启发的练习小技巧——"记得读二流的书"。这是作家唐诺在讨论一个小说作者应该如何阅读和学习时所说的。作为普通读者，为了阅读的乐趣，我们自然应该多读一流的文学作品。但如果目的是改善自己的写作技能，我们也应该读读二流的书——可能是普通作家的口碑一般的作品，也可能是大师在杰作之外力有不逮时的作品。

我们要有良好的品位与鉴赏能力，但练习时不妨选择能看到其不足的二流作品。在刻意练习时，有时我会有意选择非顶级的例子作为参照。顶级的例子技巧高超，会让人觉得难以模仿。而通过拆解所谓"二流的作品"，我们能发现它们的不足，并问自己：如果我来做可以如何改进？我们自己动手，尝试改进它，再对比改进前和改进后，这样可以学到很多。

「**实用小技巧**」 德鲁克的书面对照法

无论练习什么，我们都可以参考管理大师彼得·德鲁克（Peter F. Drucker）的建议："我们都要写下我们希望看到的结果。9～12个月以后，我们就可以将实际结果与预期结果进行对比。"

以书面的形式写下来很重要，因为记忆不可靠。俗话说，好记性不如烂笔头。其实，我们有时会篡改自己的记忆。如果不写下来，记忆会将预期结果改成我们"希望看到的结果"以此来愚弄我们。只有看到写下来的前后对照，我们才能真正看到实际结果与预期结果的差距；只有真正看到了差异，我们才能调整和改进。

值得一提的是，我们最为有效的学习方式之一是看具体案例的前后对照，如错误与正确、一般与优秀等。富兰克林学习写作时也大量运用了对照。

练习二：将知识可视化

为了更好地掌握知识、工具或技能，将已有的知识变成可视化的图表是很好的练习方式。我们更容易理解以直观形式呈现的知识。

接下来以心流（Flow）为例，我们在了解"心流"这个概念的同时，也学习如何将知识可视化。

专注学习背后的重要心理学原理就是心流，即我们进入聚精会神工作、忘记自我、忘记时间的状态。心流理论是由积极心理学家米哈里·契克森米哈赖（Mihaly Csikszentmihalyi）提出的。心流理论提出这样的问题："人何时最快乐？"它给出的回答是："当我们觉得有能力控制自己的行动，主宰自己的命运时。"也就是说，当挑战与能力匹配时，人最容易进入心流状态。

我们可以说，心流是所有工作与学习方法的心理学理论基石。只有在心流状态中，一个人才能最大限度地发挥自己的大脑潜力，做出成果。心流最初研究的是运动员在表现最佳时的状态，但它适合所有人。

一般来说，心流包括 9 个要素。契克森米哈赖把 9 个要素放到一句话里来说明⊖：获得最优体验，我们做的是与我们能力相匹配的有挑战的活动，这个活动有清晰的目标和反馈，我们又能对其掌控自如；在做的过程中，我们全神贯注，把不快乐的事情忘得一干二净，我们忘记自我、忘记时间；最终，在做这样任务的过程中，我们完成了自己的目标，我们自得其乐、乐在其中。

根据他的描述，我们绘制了一张心流的图示，如图 6-3 所示。图中，我们所做的小小改进是将契克森米哈赖描述的 9 个要素整合在一个时段内，并将它们分成四组。

⊖ 资料来源：契克森米哈赖.心流：最优体验心理学［M］.张定绮，译.北京：中信出版社，2017.

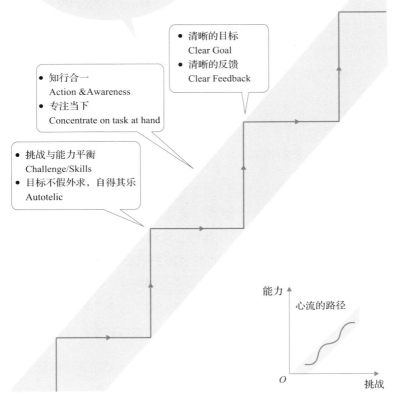

最优体验Peak
- 忘我Lost of Self-consciousness
- 忘时Transformation of Time
- 掌控Control

- 清晰的目标
  Clear Goal
- 清晰的反馈
  Clear Feedback

- 知行合一
  Action &Awareness
- 专注当下
  Concentrate on task at hand

- 挑战与能力平衡
  Challenge/Skills
- 目标不假外求，自得其乐
  Autotelic

能力
心流的路径

O   挑战

图 6-3　心流的路径与 9 个要素

注：图中心流的路径表明，当挑战与能力匹配时，人最容易进入心流状态。每一个
　　心流时段都包含如图所示的 9 个要素。

资料来源：根据契克森米哈赖在《心流：最优体验心理学》中的描述绘制。

第一组关注的是，我们要进入心流状态。任务的挑战要与我们的能力相匹配：如果太难，我们会很焦虑；如果太容易，我们会觉得无聊。太难，是我们完成任务时遇到的主要障碍。我们将大任务拆分成一系列小任务，让挑战与能力相匹配，从而不至于陷入行动瘫痪，即无法行动的状态。有了这样的准备，我们就有了进入发挥个人知识与大脑潜力的最佳状态的可能。

第二组关注的是，在完成任务的过程中，我们要有清晰的目标，知道自己要做什么。我们也需要清晰的反馈，如果我们努力了却看不到任何进展，就会很快失去专注力。好的做法是将一个大任务拆分成一系列小任务，这样，在每一个专注工作的时间段，我们就有了清晰的小目标和反馈，更容易进入心流状态。以写报告为例，当我们将报告分成几章几节来写之后，就逐渐觉得这个报告没那么难以完成了。又如，今天下午的目标是完成报告第一章的第一节和第二节，那么目标和反馈都是清晰的，电脑屏幕上的文档界面也在随时告诉我们任务的进度。

第三组关注的是，在做这项任务的时间内，我们只关注眼前这项具体任务，而忘掉其他所有的烦恼。例如，一个攀岩运动员说，在攀岩时，他只专注于当前，只考虑下一步怎么走。又如，在用"番茄工作法"时，我们眼前仅有这 25 分钟要完成的那项任务。

第四组关注的是，如果我们做到了以上这一切，我们将获得最优体验。其中的三个要素讲的是获得最优体验后我们的心理状态是什么样的，即我们将达到一种"没有自我、忘记时间、觉得拥有完全掌控感"的状态。

最早接触心流时，我就被契克森米哈赖描述的运动员、舞蹈演员、匠人的心流状态所吸引。但在用图示形象化地将 9 个要素绘制出来后，我才找到了自己使用它的重点：目标与反馈。然后，我以目标与反馈这一对组合来提升自己的专注力。学习中运用心流理论的一个小技巧是，要想办法让自己在一个个小时段内进入心流状态，如番茄工作法中的 25 分钟就是一种常见的时段设置。随着专注力的提升，我们的心流时段可逐渐地扩展至半天、一天甚至一周。能做到较长时间专注，目标与反馈是要点。

你应该已经接触过多种知识可视化的方式。知识可视化的方式有：①将大段文字变成列表、多层列表或表格，这是从纯文字向可视化走了一小步；②将列表变成层级式思维导图，这是半可视化的形式；③按照内容本身的逻辑，用简单明了的图示展示内容的关系；④按照内容本身的逻辑制作复杂的图示；⑤将内容整理成如信息图等的大型精美图示。一般来说，前三种方式就足以满足多数学习需求了。

练习三：做最小可行产品

埃里克·莱斯（Eric Ries）曾是一家创业公司的首席技术官，他带领团队开发动漫头像聊天插件。他们花了很长时间开发，发布产品后却发现，用户就是不使用。他们找到用户询问究竟发生了什么，结果发现，他们之前对用户需求的很多假设都是错的。

莱斯反思，如果他能早点通过实践去验证对用户需求的假设，就可以减少很多浪费。之后，他开始带领团队在不断的试验中调整产品。几年后，他的公司收入超过 5000 万美元。莱斯总结自己的经历，写出了《精益创业》一书。他认为创业的核心是学习，并通过学习了解自己的假设是不是对的。他建议，要尽早地通过实践去验证假设。

如何通过实践去验证假设呢？做一个最小可行产品（Minimum Viable Product，MVP）。MVP 的含义是，在投入大量资金、资源、时间做出最终产品并推向市场之前，先用简易的方法做出一个最简单的产品原型，拿它去测试能否帮用户解决问题。

假如你的公司计划用订阅制在移动平台上销售高质量生鲜食品。采用 MVP 思路的做法后，你不是先做 app 开发、进行生鲜的选品与采购、建立仓储、配送、客服体系，而是这样做，从小区的精品超市获取商品照片与价格，用它们组成一个一周特色包，并在小区微信群里尝试销售。这个产品就是你的最小可行产品。这样做，你可以得到直接的反馈，如什么样的特色包受欢迎。你也可以亲自从精品超市采购、送货上门，直接询问潜在客户的建议与评价。

换一种方式来看 MVP，它还有一个含义是，尽早做一个可以运转起来的东西。这也是穿透学习法的重要思路，我们之前讨论的快速循环就是以此为目标的。

练习的传统智慧是让人反复锤炼单一技能，人们在说匠人精神时会特别强调这一点。但事物变得越来越复杂，由很多部分组成。

在这种情况下，先做出一个哪怕看起来非常简陋的整体才是好的起点，因为只有将各个部分串起来，我们才能看到各个部分之间的缝隙。因此，我们应该采取一种反直觉的做法：不要想着一下子像高手一样做出完美的作品，而是先做出一个可以运转的东西。

对成年人的写作而言，我推崇阳志平总结的"快写慢改"方法。我们快速地写出初稿，这个阶段强调快速写下想法，重点关注结构与逻辑，可容忍一些局部的不完美。在慢改阶段，我们在多轮的修改中完善细节。快写时我们把自己的核心观点写出来，慢改时再去斟酌表述与用词。写出初稿后，我们就有了一个"可以运转的东西"。

对现代学习者，最小可行产品就像学习工具箱里必备的"瑞士军刀"。

> **「实用小技巧」 妙用新闻稿 MVP**
>
> 我们前面提到过亚马逊的"新闻稿原型法"，在正式做产品前假设它已经完成，并就此写一篇对外发布的新闻稿。新闻稿也可算是一种 MVP。在学习中，你可以先假设各项任务已经完成，然后写一篇新闻稿，它可以是各种形式：
>
> - 你写一篇文章前，先写在社交媒体发布的关于它的 140 字介绍。

- 你写一篇报告或论文前，先写一封电子邮件向别人介绍它。
- 在实际推进一项计划前，向 AI 介绍该计划能取得的预期成果并请它评价。

练习四：在网上公开学习

在社交网络上，如何快速获得正确答案？你直接提问可能长时间无人回复，这时一个取巧的办法是：贴出错误的答案。很快，你就会在评论区得到正确的答案，因为人们都乐于纠正他人的错误。

在数字时代，我们可以运用很多体现数字化特色的练习方法，其中每个人都应尝试的方法是在网上公开学习（Learn in Public）。我们将自己所学编写成文字，在网上公开发布。这样做，我们实际上是加入了网上的学习社区，与其他学习者相连接，在社区式的学习氛围中获得反馈。将自己的所学公开发布，这也给了你必须写好的压力。你公开分享的内容可能有错，但没关系，很快你会发现有人纠正了你。

你可以有多种方式在网上公开学习：在社交问答网站回答问题，撰写一篇博客、微博、微信公众号文章或小红书笔记，拍摄自己的讲解视频，在网络社区中打卡，参与开源软件的开发等。

从提升学习效果的角度出发，我们的建议是：不要选择大众化的社交媒体，以免受到它们的流量和点赞压力的干扰。当然，也可因此避免被它们不断推送的信息分心。我们建议你考虑这样的做法：用笔记软件撰写并分享内容完整的笔记条目；先在你周围的学习群体中邀请他人对笔记进行点评，现在的笔记软件大多都支持对单段进行点评；在这个笔记条目相对完善后，再对所有人公开。

随着网络笔记软件的兴起，公开分享笔记成为学习者在网上公开学习的一种主要选择。你分享的是未完成的笔记，而非完成版的文章；你的心态是希望得到意见与建议，而非点赞。因此，这样的做法与我们的学习目标是一致的。

在穿透学习法中，你的各种输出都可以作为笔记进行分享：

- 你整理的详细大纲。
- 你整理的一门课程的书摘或课堂笔记。
- 你整理的重点、疑点笔记。
- 你编写的入门教程、课程 PPT、操作标准。
- 你编写的个人知识指南等。

练习的思维模式：运用形象化比喻

再来看练习中的心理表征，我们可以称之为思维模式（Mindset）。⊖

⊖ 艾利克森在《刻意练习：如何从新手到大师》中用的是心理表征一词，心理表征也可以通俗地说是心理想象（Mental Imaginary）。彼得·圣吉的《第五项修炼》中用的是"Mental Model"（心智的模式）。心理学家卡罗尔·德韦克（Carol S. Dweck）的《终身成长》一书的英文书名是 *Mindset*，她将关于成长的思维模式分为固定型思维模式与成长型思维模式两种。

当我们要将知识用于解决重复出现的问题时，我们的做法是将它变成显性的形式知识，让自己和他人可以按照教程、课程、标准去行动。当我们要解决全新的问题、应对无人能预知的情况时，我们应将所学变成我们的思维模式，让思维模式引领我们探索未知。

运用形象化比喻来展示思维模式是一种巧妙的方法。它将我们在看不见的思维世界中的行动转换到形象的世界，将我们在未知世界中的行动转换到已知的世界。

皮克斯创始人之一艾德·卡特姆（Ed Catmull）在《创新公司：皮克斯的启示》中用多个例子让我们看到了形象化比喻的价值。卡特姆是以非常简单直接、实用主义的态度看待思维模式的。他说："一种思维模式最为关键的作用，就是让利用它的人顺利完成自己的工作。"卡特姆分享了很多关于皮克斯电影公司的导演、编剧所用的形象化比喻，这些比喻正是他们在用的思维模式。[⊖]

我们来看皮克斯的导演和编剧使用的比喻，这些处于创意前沿的人每天不是重复过去，而是在创造从来没有过的新事物。在探索未知时，他们借用各种形象化比喻来帮助自己，如图 6-4 所示。

有的导演将拍摄一部电影的过程看成"穿过隧道"：

像在一条漫长而黑暗的隧道中奔跑，我们不知道这条隧道有多长，但我们相信，我们一定能安然无恙地从另一头出来。

⊖ 资料来源：卡特姆，华莱士.创新公司：皮克斯的启示 [M].靳婷婷，译.北京：中信出版社，2015.

穿过隧道　　　　　　身处迷宫　　　　　　考古挖掘

蒙眼登山　　　　　　上下电梯　　　　　你如何面对未来

图 6-4　用形象化比喻探索未知

有的导演认为，拍一部电影就像"身处迷宫"：

在电影的拍摄过程中，你会想象自己在一座迷宫里。前进时，你用手指在墙上划过，偶尔放慢脚步判断方向，用触感来帮助自己把走过的路记在脑中。

有的导演认为，拍摄一部电影就像"考古挖掘"：

你挥汗如雨地挖着，并不知道自己挖的到底是哪种恐龙化石。接着，化石便一点点地显露出来。

有的编剧认为，写一部剧本就像"蒙眼登山"：

你必须先凭感觉摸索出自己的方向，让山自然地展现在你眼前。

有的编剧认为，他们的工作就相当于"上下电梯"，跟不同的人打交道：

无论你打交道的对象是谁，想要与其进行有效的沟通，你就必须到对方所在的楼层拜访。

这些比喻都非常形象。形象化比喻能将看不见的东西变成看得见的事物，它是一个优秀的思维工具，我们应将它常备在自己的学习工具箱中。

我们常认为比喻的地位不高，因为它不太精确。然而，我们又经常使用比喻，并从中受益。我们需要了解比喻的长处，同时避开它的不足。卡特姆就提醒我们："如果你觉得某种思维模式引起了你的共鸣，就请小心其中暗藏的陷阱。"他举例说，有人会将我们的旅程设想成是由火车头驱动的，这可能是有问题的。因为虽然火车头提供了动力，但决定我们去向的不是火车头，而是铁轨和铺设铁轨的人。

但是，当我们面对越来越多的未知时，你会发现，如同上面这五个例子所展示的，形象化比喻能帮助你更好地探索未知。当我们用比喻解释已知时，它的确仅是帮助理解的工具，就像登山杖一样，如果你的体能够好，大可以不用它；但在探索未知时，形象化比喻有点像登山靴，我们需要穿着合脚的登山靴攀登。

「**实用小技巧**」 让 AI 帮你想形象化比喻

你可以用 AI 来帮你想形象化比喻。例如，你可以这样问 AI："彻底学透一个主题，有什么形象化比喻？请给出 10 个选项。"

摘录 AI 给出的一些比喻如下：挖井，坚持到底总会挖到水源；登山，直至站在巅峰；剥洋葱，一层层深入；建房子，从地基到屋顶；跑马拉松，保持节奏，直到跑到终点；拼图，一块块拼出大图景。

你还可以用 AI 的由文本生成图的能力来帮你，让它把比喻变成图并形象地呈现出来。图 6-4 中的这组图就是由 AI 绘制的。例如，你可以这样给出绘图指令："一个人围着红色跑道循环跑。""一个人像杂技演员一样抛接球。"

本章要点

- 有三种练习：天真的练习、有目的的练习、刻意练习。刻意练习强调导师的指导与形成心理表征。
- 本章介绍了四种深度练习方法：在导师的指导下练习、将知识可视化、做最小可行产品、在网上公开学习。
- 面对未知，我们可以利用形象化比喻来辅助自己的探索过程。

形象化比喻可将在未知领域的行动与已知情境相联系，它是我们在未知世界攀登高山的登山靴。

「 **现在就行动吧！** 」

- 选择你正在学习的一个主题，找出一个关键的图示（逻辑图或流程图）进行重新制作，并融入自己的独特理解。
- 面对未知时，你脑海中立刻想到的一个比喻是什么？如果你要更勇敢地面对未知，你可以用什么新的比喻替换掉这个？

PART 3

———

第三部分

穿透学习的三场景

穿透阅读
如何读透一本书

书是高质量的知识载体，种类丰富的书带给我们极大的乐趣。很早之前，我就发现《如何阅读一本书》是关于阅读的入门经典，我也在持续使用它的分析阅读与主题阅读方法。分析阅读是采用结构化的方法深入地读一本书；主题阅读是有规划地读完一个领域的主要著作。

2023 年，一次与这本书有关的使用 AI 的体验极大地改变了我对阅读方法的看法。过程是这样的：生成式 AI 中的大语言模型能对输入的文字进行总结、改写，为了试验它的这种能力，我提取了这本书的"骨架"章节（第七章 透视一本书），约 15 000 字，并将其输入 AI，向 AI 提出一系列问题。

最初，一切如我预想。AI 耐心作答，展示了其总结（帮我为这段内容写个摘要）和改写（把这段内容变为操作步骤）的能力。我能看出，AI 的回答与书的观点大体一致。与我预料的一样，AI 也有局限性，它不能 100% 准确引用，除非精细地设定提问及调整参数，它的引用经常是它的重述。这时，我的角色有点像考官：我很熟悉这本书，现在我要看看，这个 AI 学生有没有认真读书。

我突然想，要不让 AI 考考我？有的问题很容易，我轻松回答；有的问题让我不得不进入开卷考试的状态，我翻书查找答案，借机温习久违的读书方法。很快，虽然我清楚地知道，AI 并不是一个人，也不会思考，它只是在预测下一个词并给出看似连贯的语句，但我开始与它讨论起来。

我们讨论书中的一个类比：为什么一本书的"骨架"很重要，但"血肉"才给予它生命？我说我的看法，它评价；我又让它说它的看法，我评价。我们从各种角度探讨这个话题。我开始感觉到，在讨论中，这本我熟悉的书再次变得丰富起来。

有人说，读书是与作者对话。过去，这只是一个比喻；现在在 AI 的辅助下，我们的确可以做到在一定程度上与作者对话。而且，我们还可以做到更多，除了让 AI 扮演作者并用书中观点回答，我们还可以让 AI 扮演书中内容的批评者、扮演与我们水平相当的同学、扮演有经验的图书馆员、扮演能运用书中知识的高手……

阅读是学习的关键，如果不会阅读就无法有效学习。如何才能真正读透一本书？有很多传统方法，新方法也在不断出现，而且 AI 又带来了很多新的可能性。在这一章，我们将聚焦如何用传统方法与新方法、新工具一起以认知阅读的方式读一本书。以学习为目的的认知阅读与休闲阅读不同，比如读《哈利·波特》系列小说是休闲阅读，但为了掌握其魔法世界的设计而读则是认知阅读。

没有不好的阅读方法，只有用错的人

在讨论具体阅读方法之前，我想先分享一个我自己关于读书的教训。我们都用各种方法读过各种书，其中有一种方法，每个人都有很多的经验与体会——课本阅读。在中小学，一个学科被精心组织成几年的课本，我们在老师的授课、练习、测验下完成课本阅读；在大学，课本开始变得非常厚，课堂授课中，老师为我们勾勒出脉络并讲解部分重点，然后我们自己在图书馆啃厚厚的课本完成学习。

课本阅读的特点是，你必须掌握其中的所有要点，真正理解和有效运用是学习目标。但即便不能理解，也要死记硬背记住，否则你无法通过考试。没有考试压力后，我尽量减少了课本阅读。但它依然很重要，比如要学习一个新的专业、一项新的技术，我们都要阅读类似课本性质的材料，但课本阅读的比重比以前少了很多。我认为，在自己的学习中，课本阅读的重要性已经大大降低。很多人有着相似的看法。

我们都发现课本阅读之外的乐趣，也掌握了更多的阅读技巧。比如，我觉得一个有用的阅读技巧是通过输出来读书。如果读了一本书之后想真正有收获，就应该用自己的话写一篇文章。因此，我撰写刊发在媒体上的书评，也在网络博客上和社区中发表了不少文章。

关于用输出来读书，我还做了更多尝试。出于工作与兴趣的原因，我的一个主题阅读领域是与互联网有关的书籍。我曾用一年时间用音频讲了 50 本书，每本用近一万字的篇幅介绍该书的主要内容，最终我在音频平台上发布了一个图书解读系列。音频解读和书评不同，书评是作为一个读者讲自己的读书体会，而音频解读则需要从受众视角出发，以让他们有收获为目的来讲述书中有价值的知识。

"如何读透一本书？"在音频解读过程中，我开始思考这个问题。如果不能读透，我无法为别人讲述书中有价值的知识。我意识到，我应该用类似课本阅读的方法去读这些书！我曾经以为再也用不上的阅读方法又派上用场了：一页一页地仔细读，深入求证且不放过每一个疑点，阅读补充材料，整理要点笔记，最后通过写音频讲稿来检验学习效果……唯一不同的是，我可以自主选择主题与"课本"。

我其实一直不好意思跟人说，有些书我用课本阅读的方法阅读。我们身边的朋友、熟识的爱读书的人看上去都能轻松读完大量的书。我自己也是一年读数百本书的人，已经过了读课本的阶段，怎么能跟人说，有的书我要像课本一样读十来遍呢？不过，当我跟朋友们提到这个话题时，他们的回应让我很意外：原来他们对有些书也是像读课本一样"啃"下来的。

你可能已经发现了，本书中的各种学习方法的阅读部分都有课本阅读的影子。在第一章中，你看到的示例中的书籍是面向不同层次的教材；在深度复制五步中，我们将阅读材料称作课本。这是我在用课本阅读的方法又读了很多书之后总结的经验。之前，很多书我可能读过不止一遍，但并没有真正读懂；而在用类似课本阅读的"笨方法"再读之后，虽仍不敢说 100% 懂了，但深入了很多。我前些年很少用课本阅读方法，这是我阅读方法上的一个严重错误。

我们想要远离课本阅读方法是可以理解的——在经过近 20 年的学校教育之后，我们觉得终于松一口气了。如果这些方法勾起了你的痛苦记忆，我只能表示很抱歉。但请想想，那些曾经痛苦的学习是不是让你学到了不少知识？因此，我们应该将课本阅读方法作为自己学习工具箱中的重要工具，不断地擦拭它，并在需要时拿出来熟练运用。

这成为我自己阅读方法的一个转折点。互联网领域的资料和信息非常多，新的知识不断出现。之前我用速读的方式读资料，并因为它们是网络资料而更快速地跳读。在这个转折点之后，我发现，对普通资料浏览一下即可，而对那些关键资料则应该采用课本阅读方法去读。这种信息摄取方式可称为"杠铃策略"，即将一小半时间用于以获取信息量为目的的阅读，一大半时间用于精选内容的深度阅读。

这种阅读转变显著提升了我在新领域的学习效果。我几乎在每次重要学习中都采用这种方法。比如，在学习一个新的编程方式时，我将文档、样例代码、标准组成自己的课本，像学生一样读完它们，然后照着做，形成详尽的笔记。隔了一年后，我又有机会给人逐章节讲解，使我的理解得以进一步深化。在撰写向大众介绍新技术领域的图书时，我继续践行这些学习方法中的"教他人"这个步骤。我以写一本普及读物的形式向他人讲解，从而促进自己学得更深入。但总的来说，我的学习转折点不是知道了用输出促进理解，而是重新重视起课本阅读方法。

回到本章开头所说的 AI 辅助阅读的经验，它其实也与课本阅读有关：在读课本学习时，我们经常跟同学讨论，而现在我们可以跟 AI 讨论。

如果用学习金字塔来看，我们从其中被动式学习的"阅读"走向了主动式学习的"讨论"。当有老师或家教一对一辅导时，针对性讨论能帮我们有效地攻克难点；当我们与同学一起读一本书并辩论时，我们从书中获得的知识将进一步深化。

过去，讨论的机会总是很少，我们多数情况下要采用自己给自己辅导、自己与自己辩论这样的替代性技巧。偶尔，我们在社交网络中做一些讨论。有了 AI 的辅助，这一环就能以低成本、便利的方式实现了。

现在一个新契机出现了，我们可以将传统阅读技巧[⊖]与使用包括 AI 在内的新技术工具带来的阅读技巧结合起来，更好地读透一本书。因此，我们以冲刺学习法为基础，用它作为架子将各种阅读

⊖ 如果你想了解通用的读书方法，为你推荐如下阅读领域的著作：艾德勒和范多伦所著的《如何阅读一本书》、唐诺所著的《阅读的故事》、阳志平所著的《聪明的阅读者》。

技巧组合起来，就形成了冲刺读书法。

冲刺读书法：在一个冲刺里读透一本书

"冲刺学习法"用在读书上就变成了"冲刺读书法"，如图 7-1 所示。它的优点是，你可用结构化框架（五天十步）推动深度阅读一本书的进程。冲刺读书法适用于深入阅读各种材料。你阅读的材料可以是一本书（也可能是几个章节）或其他高质量资料。冲刺读书法可分成三个阶段：概要阅读、深度阅读、阅读输出。它共十步，这十步是首尾呼应的。开始阅读前你要自问：我要达成什么目的？我要完成什么成果？

冲刺读书法：10 步详尽版

冲刺读书法有如下步骤：

0. 阅读材料：预备步骤，根据学习目的选择并准备好主要的阅读材料。
1. 成果设定：具体设定要完成的读书输出成果并记录下来。
2. 层级大纲：为把握整体架构而速读，制作出层级式大纲。
3. 逐字精读：仔细阅读每个字，标注重点和疑点等。
4. 详尽列表：完整记录主要内容，通常用列表或多层列表形式。
5. 重点笔记：通过阅读、搜索、提问等方式补充学习，深入理解重点，并撰写笔记。
6. 疑点笔记：通过阅读、搜索、提问等方式补充学习，消除疑点或做出修正，并撰写笔记。

冲刺读书法

图 7-1 冲刺读书法

7. 详尽大纲：制作带有详细列表、重点笔记、疑点笔记的详细大纲。

8. 输出准备：这与你设定的成果相关，如果成果是选取要点为他人讲解，那么就应做相应的准备。

9. 展示输出：形成完成版的成果，展示输出，并对照第一步写下的目标进行评估。

10. 后续任务：弥补上一步发现的知识差距，修订成果，并制订后续的行动计划。

从牧场到餐桌的牛排菜谱

你可以将冲刺读书法看成一个模板，它是适合高质量资料的阅读模板，适用于多种学科、多个层次的阅读。在实际运用中，你可以替换其中的具体做法、技巧，定制自己的阅读方法。你可以根据你要阅读的材料、使用的工具和个人的需求来灵活选择。它就像菜谱，让你可以根据当天手边的食材、工具及口味需求烹饪出一道菜。

冲刺读书法就像一道经过众多米其林餐厅大厨验证的煎牛排菜谱，如图 7-2 所示。大厨们精心选择牛的品种和部位，对牛排进行如熟成等预处理，并仔细试验各种煎烤方式。当然，如果你要准备的是牛肉寿司，那么这个菜谱可能不能为你提供直接的指导。通过这个类比你也可以看出，就一个牛排菜谱而言，如何煎烤是重要的环节，但并非唯一的环节，每一个环节都影响着你盘中牛排的口感和味道。

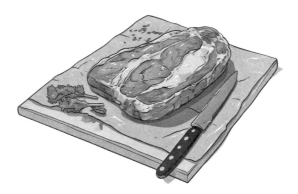

图 7-2　冲刺阅读法可比作从牛肉选择到预处理再到
　　　　煎烤的牛排菜谱

你可能已经发现，冲刺读书法与第四章"深度复制五步——精读、重做、重制、重编、重讲"有着相似的思路。本书中各种方法的思路是一以贯之的，我们先设定目标与输出成果，然后通过结构化的步骤完成一次深入的主题学习。

冲刺读书法和深度复制五步的区别是：假设分别使用它们来读一本书，深度复制五步旨在复制一本书的知识体系为自己所用，重点放在框架部分，目标是学懂 70%；冲刺读书法旨在全面掌握一本书，且更关注具体的知识点，目标是掌握 95% 以上的知识，甚至达到 99%。深度复制五步关注的是面；冲刺读书法关注的是点。深度复制五步是开放的，打造空的"衣柜"以容纳更多新的知识；冲刺读书法是封闭的，通常只关注读透当前这一本书。在实际的学习过程中，我们可以将它们结合起来使用。

在具体给出每一步可以运用的技巧之前，我们来一起看看我曾经用类似方法的例子。我们将详细讨论的冲刺阅读法就是由它发展而来的。如前所述，在准备音频解读时，我精读了 50 本书，以准备讲解稿。我的主要目标是找到每本书最重要的一个要点，并用通俗易懂的方式讲解，让具备一定背景知识的受众能有所收获。要输出的成果是清晰的，每本书撰写近一万字的讲稿，并与编辑一起修订后完成录制。

我用三步来完成这个阅读任务：整体泛读、逐字精读、重点深读。我从一本好书中抽取一条对自己也对听众有价值的知识线索，对它进行讲解。

我首先整体泛读全书。快速阅读后，我掌握了书的整体内容、逻辑结构、主要观点。这是一次俯瞰，有助于了解全景。除快速阅读外，我还常用思维导图的方式将书的框架梳理出来，让全景一目了然。强迫自己制作一个包括章名和各级标题的思维导图的好处是，速读不可避免地会跳读，容易漏掉一些内容，而为了制作思维导图，我会自然地将书中的要点都找出来。我一般花 2 ~ 5 小时泛读整本书并制作思维导图。

之后我逐字精读全书。通常，我精读一本 300 页的书需要 10 小时，对难度大的书还要增加一些时间。在某些章节，我有意识地放慢阅读速度，逐字理解作者描述的细节和深层含义。逐字精读时，我会带着笔和本子去读，在书中做各种标记，并在一张 A4 白纸上做笔记。逐字精读完成之后，我就有了一本充满标记、折页和贴标签的书以及几页纸的笔记。

对要深入理解的书，逐字逐句阅读是必要的。随着生活节奏越来越快，我们常快速地跳读一本书，这时我们会用自己的经验、想象来填补空隙。这带来很多问题，比如，事后经人提醒才发现，为什么有一点我没读到，一点儿印象也没有。又如，作者看似讲了一个熟悉的案例，我们很自然地跳了过去，但实际上他的分析逻辑和结论与我们理解的并不同，有些微妙的差别只有逐字精读才能体会到。

接下来，我会重点深度。针对书中的某个重要知识点深入钻研，通常它是由一组更小的知识点组成的。一本好书的知识是丰富的和深厚的。在重点深读阶段，我会采取"只取一点，不顾其他"的策略，即在一点上重点深入下去。这时，我不只是读这一本书，也会根据需要进行主题性阅读，读其他书、其他资料，在网络上搜寻，需要时也向专家请教。仅重点关注一个点与我当时的目标有关：对每本书，我的任务就是要找到一个要点，撰写逐字稿并用音频讲解。

最后，我也经历了读书的从读厚到读薄的过程。我将自己所学的某个知识点整理出来，形成了薄薄的新"书"，即数十页逐字稿和50分钟的音频讲解。

用一个类比说说我对这样读书后输出的理解。一本书的创作过程就像在城市里修建道路，阅读是坐在车里观光，输出则是自己步行走一遍。有的书读起来会有点难，但读书体验还是很愉快的，路上的岔道都由作者帮我们忽略掉了，我们可以坐着车，顺利地到达目的地。只有当我们步行，几次找不到方向甚至完全迷路时，我们才会打破自认为已精通这个知识点的错觉。为了能更好地讲解，我必须"下车"去实地探索。

这项阅读任务在短期内重复了 50 回，因而我有机会高频地反思与优化其中用到的技巧。之后，我又广泛地借鉴更多好方法，将它们组合起来就成了冲刺读书法。你现在看到的本书其实是一个之后又经过多轮迭代的版本。

冲刺读书法中的技巧、做法与工具

冲刺读书法是为求知阅读所准备的，目的是解决问题、掌握知识体系、修正或更新认知。求知阅读必须是深入的，我们投入精力理解细微之处，将知识、案例和自身实践联系起来。接下来，让我们逐一看看冲刺读书法的十步，并讨论其中的技巧、做法及工具。

阅读材料的选择

选择高质量和有体系的阅读材料，例如教材、经典图书、技术教程与文档、优秀论文等。非书籍资料可整理成书籍形式并打印备用。网上有着丰富的视频课程等资源，但建议你仅用它们作为辅助材料，而将文字资料作为主要学习材料。

选择合适的阅读材料。它本身应当是体系完整的，在阅读时无须太多的补充；它的数量应当是可以在半天内阅读完的。就读一本书而言，选择读其中的数个关联章节，是比读整本书更合理的选择。只有选择好读什么，我们才能读好。

预先设定成果

设定阅读目的及读书后的输出成果。明确地写下阅读的目的与预期的输出成果，用某种形式讲解是较易实施的预期成果，如目的是"理解书中方法"，成果是"用案例形式讲解方法"。把目的与预期成果写下来，可以用它们引导这一次读书的全过程，也便于我们后续对照查看自己是否达成目标。

设定如何做读书过程的次数记录。在用冲刺读书法读书的过程中，我们将以多种节奏多次读这本书，如快或慢、轻或重、略或详等。为了便于掌握阅读过程，我们要找到一个方法将读书过程记下来。复杂一点的做法是做一个电子表格来记录；一个简单易行的做法是在书的目录页旁写下速读、精读、复习，然后在下面用写"正"字的方式记次数。

速读并编制层级大纲

先"图文漫步"。在《学会如何学习》中，芭芭拉・奥克利建议在开始读一个章节时先进行一次"图文漫步"："你应该浏览它，简要地看一下所有的图片、图片说明文字和表格，还有章节标题、粗体字以及概要……这是在给你的大脑一个概念，让它知道接下来会发生什么。"

编制书的大纲。在"图文漫步"之后，先编写大纲，大纲就像是衣柜。你可以选用自己喜欢的工具，如 Word/WPS 的大纲模式、思维导图软件等；可以直接用普通的文本编辑器与列表来编写；
也可以使用 MarginNote 等特色阅读工具，用它在电子书或文档
中加亮标记内容可直接生成思维导图。例如，图 7-3 中展示了在
MarginNote 内对一篇万字长文用荧光笔做加亮标记后形成的思
维导图，这篇文章的修订版也成为本书第九章的附录 9A。

图 7-3　用 MarginNote 笔记软件阅读电子资料

速读内容并更新大纲。快速阅读以掌握整体内容、逻辑结构、主
要观点等，可跳过较为详尽的讨论性内容；与此同时，进一步调
整大纲。假设你阅读纸质版图书，并用笔来写大纲，你可以这
样做：①用一张 A4 纸或本子的对页写大纲；②在写最初的大纲
时，将条目书写得较为稀疏；③速读时，在各个条目处添加关
键词。

对很多书的阅读我们一般会停在此处。当然，你可能已经注意到，采用如上读法并停在这一步，也比仅读一本书 30 页就停住要好，毕竟我们速读了全书并掌握了它的主要内容。当然，对我们要进行的深度阅读来说，这一次读书的过程才刚刚开始。

逐字精读与做标记

放慢速度，逐字精读。逐字精读就是字面的意思，阅读每一个字。这可能是不容易做到的，因为我们已经习惯了快速浏览，阅读电子版的书或资料时尤其容易变成快速浏览状态。你可以考虑购买纸质书，将资料打印出来阅读。你可以用如下方法来强迫自己放慢速度：用铅笔逐字划过；用尺子遮住，一次只看一行；以章或节为单位，为每句话加数字编号；用彩色笔、荧光笔做标记。

面对最难的内容，我们曾经这样做：①大声地朗读每个字，以避免任何遗漏；②用电脑复制或录入书中的每个字；③阅读中文译文，对照看英文原文的每一句话；④阅读英文资料，对照看中文译文。

做标记与摘录。有时我们要进行泛读、精读之后的第三次阅读，这一次是专门为做标记与摘录而读。我们的目标很明确：将值得标记、摘录的部分标出来。这时电子阅读就体现出独特的优势——你可直接摘录并导出。我们还可以拿出手机拍摄纸质书，做文字识别，将摘录粘贴到笔记中。

在面对需要深入理解并向他人讲解的书时，我在这个阶段还会用 PPT 等演示文档的形式整理书中的内容。除摘录书中内容外，我还会给内容做分块、加颜色标记，并增加一些图示与补充资料等，如图 7-4 所示。这样做有两个优点：第一，将内容整理成每页一个知识块，加深了我们对内容的认识；第二，与常规文字笔记相比，它是"半可视化"的，且我们可以通过快速翻阅更好地把握整体。PPT 形式的整理可看成学习者过去深入读书的摘录与笔记的一种新形式。在后面王元化读书的案例中，他曾读一本书写下了几十册笔记，我们现在可用 PPT 形式来写。

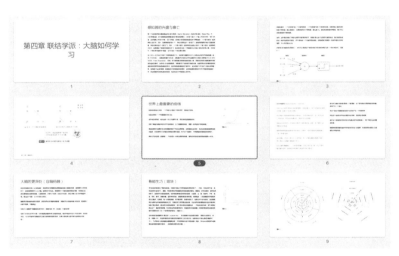

图 7-4　根据《终极算法》一书中联结学派章节所做的
　　　　PPT 形式内容摘录[⊖]

⊖ 你可以用 PowerPoint、Keynote 等常见办公软件或飞书云文档等带演示模式的在线文档工具来做这样的内容整理。我们实际采用的工具是开源演示软件 Slidev 与 Markdown 格式文本。一句题外话，本书也是用这两种工具撰写的。

［**实用小技巧**］ 让 AI 帮你"翻译"复杂句子

在读书时，我们会遇到极其复杂的句子。费曼曾讲过一个故事，他参加一个读书会时，反复读到一句话但怎么也读不懂："社会团体中的个体成员经常通过视觉的、符号的渠道获得信息。"他后来发现，这句话的意思其实是"人们阅读"。

在阅读时，我们也要经常为自己做这样的"翻译"。而现在，你可以让 AI 帮你做。你向它提出如下要求：

"请用简单的一句话概括如下句子的意思，以便我理解：……请用俗话解读……"

整理内容的详细列表

用列表形式整理摘录。不能任由笔记、摘录散落着，我们可以采用多级列表形式整理摘录。一个小技巧是，做书的作者写作过程的"逆向工程"，即在整理摘录时，反过来做作者在写作时做的事。例如，作者通常会将列表改写成段落，我们则反过来将段落变成列表；作者会扩充列表，让每个子条目都成为一段，我们则将关键句抽取出来变成列表；作者将关键词写成句子，我们则将句子缩写为鲜明的关键词。在精读之后，我们将一本书整理成方便自己使用的列表，如图 7-5 所示。

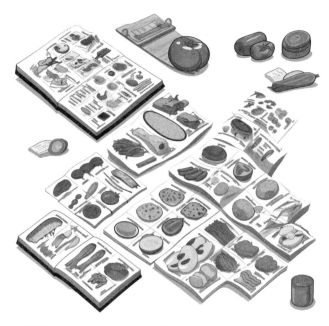

图 7-5　在精读之后，图书被拆解成方便使用的列表

你可以看到，这里所说的阅读方法与常见的阅读方法有一个重要的不同点：我们将电脑等工具的配合使用视为阅读过程的一部分。用纸笔来做摘录、写卡片虽然相当耗时耗力，但还是可行的，然而用纸笔来整理笔记几乎是不可能的任务，这也是为什么我们过去不整理笔记。对比而言，使用电脑整理笔记则方便很多。如果你能控制住不去看手机上的社交网络信息，手机也是很好的笔记工具。

AI 支持的语音合成技术越来越成熟，现在它能朗读图书给我们听。在这里，你还可以运用语音合成来帮你校对笔记：写了笔记后，我们用电脑朗读给自己听，通过听，我们能敏锐地发现其中的问题。这个技巧之所以能起作用，也是因为听会强迫我们换一种方式来看待自己写下的内容。

钻研重点，编写重点笔记

研读重点内容。我们阅读过程中的真正关键是第 5 步中的钻研重点和第 6 步中解决疑点。在这两步，相当于我们做牛排时的实际煎烤，如图 7-6 所示。通常，高质量资料会对重点内容有清晰、深入的阐述，但我们还是应当为它投入更多的精力与时间。

图 7-6　钻研重点、解决疑点，相当于煎烤牛排

我们可以这样做：①重做对重点内容的推导过程，如论证的过程、公式的推导，并查阅重点内容的相关资料。②综合运用搜索引擎与 AI 工具。用搜索引擎搜索相关图示，搜索对这一内容的其他讲述，让 AI 工具对内容进行解释。你可以回顾一下第二章中关于运

用 AI 加深理解的讨论。③思考知识点实际应用的例子。如果能把知识点放到具体的例子中，我们的理解会深入得多。

对重点内容绘制图示。对阅读材料中与重点内容相关的图示，只要时间允许，你都应考虑重新制作一遍。我们这里讲的图示不仅是图，也可以是表格、列表等有着半图示性质的关键信息。如果你没看到相关的图示，但觉得一张图能清晰地解释内容，也可以考虑自己绘制出一张图。

编写重点笔记。根据迄今为止我们所学到的，编写重点笔记，通常包括问题描述、解决方案、图示及相关资料等。我们有多种方法来检验自己对重点内容的掌握程度，但最易用的方法之一就是编写关于重点内容的笔记。

「实用小技巧」 让 AI 帮你编写笔记草稿

我们经常不写重点笔记，是因为将零散的记录整合起来很麻烦。现在，我们可以借助 AI 来帮我们做。

我们将资料摘录、零散记录、笔记格式要求等一起给 AI，让它就一个重要知识点编写一个笔记草稿。请注意，AI 编写的草稿中可能有错。因此，你在草稿上继续编写，改正错误、完善内容、优化表述。在这个过程中，你还可以让 AI 换种方式解释，让它举例子，让它给出修改建议等。

当你用 AI 处理重要知识点笔记时，你不应像平常一样假设它的回答大体上是对的，而要假设其大体上是错的，并质疑它的每一句话。

解决疑点，编写疑点笔记

发现疑点、解决疑点。在阅读中，我们还会遇到疑点。有的疑点是由于我们暂时没理解，通过查资料、向老师请教、向 AI 提问等可以很快地解决。有时，作者轻松地带过了某些知识点，但我们会有疑问：为什么是这样？我们应尽量多发现疑点，比如不断地问自己：这里我有疑问吗？最终，疑点越少，我们对知识掌握得越牢靠。

编写疑点笔记。如果不是重点内容，多数疑点不需要编写疑点笔记。疑点问题的特点是，当你搞懂之后，它们看起来很简单。但有些疑点也值得编写疑点笔记记录下来，尤其当一个疑点与你的独特学习经历有关时。

我个人曾经有这样一次经历：在编写一个程序时，我离开了文档指引的大路，误入一条岔路，并最终进入很深的死胡同。最后的谜底很简单：明明路口有标识，大大地写着不要进入这条岔路。我在岔路口走错后，仍往前走了好几步，直到死胡同的尽头。这让我接触到一些过去也许不会深入的难点内容，并写下了一个回顾笔记。后来，在同一细分主题下编写一份英文技术文档时，我将相关讨论用插入内容框的形式放了进去。这个文档目前被阅读了 1.4 万次，我想一定有读者会注意到，这一讨论值得深入了解。

编写详细大纲

将摘录列表、笔记整合进大纲，形成详细大纲。到这里，我们掌握了阅读材料中的框架，做了摘录列表，深入理解了要点，解决了疑点。现在，是将它们组合起来的时候了。我们可以在最初的大纲基础上继续，将列表、要点、疑点纳入大纲。你可以使用Word、WPS 等办公软件完成这个任务，也可以采用思维导图的形式将内容纳入。如果整理得到位，你将得到一份讲义形式的材料。

对实践性的技术内容，比如如何使用一个技术工具，我们有时会进一步将它整理成教程（在第八章讲技术工具学习时会专门讨论教程），即能让他人照着完成的多步骤的复杂过程。且不论这样的教程对他人有多大价值，它对我们自己就很有价值。在隔了相当长一段时间之后，当我们自己尝试重做时，这个教程能帮我们快速克服时间带来的遗忘。

做输出准备

实际完成预期的输出成果。在前述步骤中，我们没有提及预期的读书输出成果，但它一直引导着我们的学习。在这一步来完成它。

假设你的任务是"用案例形式讲解方法的详细运用"，那么你要做的是从上一步准备的详细大纲中选择材料，形成一个简单明了的线索，再用易于理解的方式准备讲解。

建议你以文字的形式将讲解先写下来。你可能注意到了，我们尤其强调"写下来"。写下来使想法具体化，将想法从头脑中的无形状态转换为有形状态。这也经常是一种创造过程，很多想法在写下来之前我们都不知道呢！你（以及其他人）可以方便地运用自己写下来的内容。你还可以在现有版本的基础上继续迭代。如果不写下来，你根本无从迭代。

向他人展示输出成果

完成读书的输出成果并展示。在截止时间前，向他人展示我们的读书输出成果。这样做有三个优点：高效，有截止时间会大幅提高我们的学习效率；完整性，要向他人展示，我们会尽力给出一个完整的读书输出成果；对象感，面向一个特定的对象展示成果，我们会自然地切换到对方的视角。

我们要让自己的成果展示过程尽量有仪式感："现在，请允许我向您汇报……"这就好像你将煎好的牛排加上配菜摆盘，并亲自端到餐桌上，如图 7-7 所示。

总结与后续任务

通过总结与后续任务这一步完成阅读。学习不是停在交卷那一步，而是以总结与计划为结束。这一步通常包括：

- 在成果展示中，你看到自己知识的不足并加以弥补。
- 在成果展示中，你发现成果有不理想之处，立即修订和迭代。

图 7-7　最终摆到餐桌上的煎牛排

- 在成果展示中，你自己有反思，也得到了他人的反馈，根据这些进一步学习。
- 设置提醒，让自己过一段时间后重读这本书与自己的笔记。
- 考虑如何实践你从这本书中学到的，写下一个行动列表。

冲刺读书法：1 小时版

你也可以将冲刺读书法用在较短的阅读材料上。比如，你可以简化步骤，用 1 小时阅读书中的一章：

1. 设定阅读的目标（2 分钟）。假设目标为整理并讲解这一章的方法。
2. 先进行"图文漫步"，再一目十行地浏览（3 分钟）。将各小节的题目记下来，作为大纲的一级条目。

3. 逐字精读，但采用相对较快的速度（20分钟）。将读到的主要内容纳入大纲，作为二级、三级条目。考虑到时间有限，你可以跳过一些内容，如你已经熟悉的内容、案例细节、附加资料等。

4. 选择一两个重点内容进行拆解（10分钟）。将相关内容摘录出来并改成列表。

5. 对大纲进行整理（15分钟）。隐去大纲中的部分内容，形成你为他人讲解时可参考的讲义。你还可以让 AI 根据笔记创建讲稿草稿，然后自己再编辑修订其中的错漏与不足。

6. 实际讲解（10分钟）。先5分钟讲解，找到那些讲得不清晰的部分，再用5分钟调整并重讲。

大师课：王元化读黑格尔——如何钻研式读书

在《清园自述》这本书中，著名学者、思想家王元化提到自己的一次独特读书经历。之后，一旦遇到非常难的需要学习的内容，我就会想起他讲的故事，也努力仿照他的做法去读书钻研。

王元化的独特读书经验是他三次读黑格尔的《小逻辑》的经历。

第一次，在《小逻辑》的最后一页，他记下这样一行："一九五六年九月七日上午，第一次读毕。"花了一个多月时间读完这本书后，他回忆说："在读《小逻辑》的开头几天，我完全气馁了，几乎丧失了继续读下去的勇气。可是我想我应该像许多开头并不懂黑格尔的读者一样，无论如何应该把这部难读的书读完。我打算反复去读，先通读一遍，然后再慢慢细读或精读。"

第二次，他又读了一遍这本书，在最后一页记下："一九五六年十一月一日下午，第二次读毕。"这次阅读他又花了两个多月，做了 11 册笔记，共 326 面，约 20 万字。后来，他在文章中这样讲述自己的读法和体会："我在第二遍阅读时，开头很缓慢，每天早上只读书中的一节。我要求自己尽量读通读懂，对书中的某些疑难问题，有时一直从早上考虑到下午。这样一点一点消化，使我养成了一种钻研的习惯。"

第三次，他重读这本书，在最后一页又记下："一九七四年十月二十九日，第三次读毕。"在 1974 年 11 月到 12 月，他记下这一次的读书笔记，最后被出版为《读黑格尔》一书。

从他的读书经历中我们可以看到，王元化这样一位学问大家以近 20 年的时间几次研读一本经典。回顾这段读书经历，王元化谦虚地写道："我应该承认，如果说我也有一些较严格的哲学锻炼，那就是几次认真阅读黑格尔的《小逻辑》为我打下了基础，使我以后可以顺利地阅读黑格尔的其他一些著作。"面对重要的图书或资料时，我们也应效仿王元化读《小逻辑》的钻研式读书来训练自己。

在讲述这段读书经历时，王元化还回忆说，他向熊十力先生求教时，熊先生批评读书"贪多求快，不务深探"的作风，而提倡"沉潜往复，从容含玩"。王元化读《小逻辑》的经历的确是"沉潜往复"，而我们学习也可用这四个字作为指引。在穿透学习法中，我们将"沉潜往复"具体化：一轮又一轮地从头到尾循环阅读。

本章要点

- 对需要深入学习的书籍，采用像读课本一样的阅读方法。课本阅读方法应是每个人学习工具箱中的主要工具之一。
- 冲刺读书法是将冲刺学习法用于阅读一本书，它包括十步：①成果设定；②层级大纲；③逐字精读；④详尽列表；⑤重点笔记；⑥疑点笔记；⑦详尽大纲；⑧输出准备；⑨展示输出；⑩后续任务。
- 冲刺读书法就像涵盖了从牛肉选择到熟成预处理再到煎烤与端上餐桌的全流程牛排菜谱。

- 你可以用 AI 工具来辅助阅读，比如让 AI 帮你"翻译"复杂句子的意思，让 AI 帮你编写笔记草稿等。

「 现在就行动吧！ 」

- 现在就采用"冲刺读书法：1 小时版"来阅读一本书中的一章，记录每步的时间和你的收获。
- 选择一本书，采用"冲刺读书法"完整版进行阅读，完成每步后记录下你的心得。

第八章

穿透技术
如何精通一种技术工具

有人听到"技术工具"就两眼放光,但也有很多人听到"技术"二字就想躲开。我不想吓到你,但如果你是后一种人,你需要认识到,当下至少 50% 的学习任务涉及计算机技术。那么,如何使用软件?如何使用互联网产品?如何编写程序?如何运用社交网络背后的算法?如何用最新的 AI 工具?

要学习用技术工具,不只是因为它们遍布在我们周围,更重要的是,好的工具和使用技巧能让效率提升 10 倍。让我们再一次以费曼的故事开始一章的学习旅程。

在洛斯阿拉莫斯基地参加"曼哈顿计划"时,除了是理论物理学家,费曼还负责一个计算小组。他们的计算任务是,计算原子弹爆炸过程中发生了什么,以及爆炸后会释放出多大的能量。这是物理学的问题,但很快,他们面对的问题变成了如何使用计算机。

大师课：费曼学习使用计算机

费曼和他的物理学家同伴首先将问题变成计算机可以解决的问题。他们将教科书里漂亮的公式重新改造，填上各种实用的计算策略和花招。他们做的不再是求解物理现象的微分方程式，而是用数值方法，每次加一点点时间来一步一步计算现象发生的过程。这样，他们的数学难题变成了数值计算的问题。

面对这些问题，这些最会计算的人光靠手算已不够用了，他们开始用上计算机。他们用的还不是我们现在说的电子计算机，而是一种名为 Marchant 的机械计算器。这些机械计算器总是坏，但运回加利福尼亚州原厂维修又来不及。于是，费曼就拆开自己修。他发现自己的确能搞定大部分维修，就在房间门上挂了一个牌子：专修机械计算器。计算工作得以继续，费曼对此颇为自得："最后由我负责修理所有的机械计算器，而打字机则交给机械车间的一个哥们儿。"

他们听说 IBM（国际商业机器公司）有一种新的商用机械计算机，它能做规模更大的计算，能同时做很多加法与乘法。Marchant 机械计算器的大小如同打字机，而 IBM 的乘法器就有餐馆灶台那么大，而且 IBM 提供一整套配套的设备。1943 年秋天，他们下单订购了一大批设备，包括三部乘法器、一部表格机（加法器）、一部打孔机、一部分类机……

在 IBM 的设备运来之前，一个叫弗兰克尔的人想出一个好主意：在一个房间里，他们将计算人员（她们多数是科学家们的妻子）分成小组，组成计算流水线。用费曼的话说："我们布置了一个大房间，里面坐满了女士，每个人面前都有一台机械计算器，一位女士负责乘法运算，一位女士负责加法运算，还有一位女士负责算出立方数……然后将结果传给下一个人。"他们用这个 Marchant 机械计算器与人组成流水线试验计算的流程。费曼说："计算速度完全符合我们对 IBM 计算机的预期！唯一的不同是 IBM 计算机不会累，可以日夜工作，但女士们一会儿就累了。"

IBM 的设备运来了，费曼和弗兰克尔自己动手将这些计算机组装起来，高性能的计算系统开始运转了。等 IBM 的安装人员最终到来时，他们已经搞定了绝大部分的安装。

很快，麻烦来了。

费曼在回忆时调侃说，弗兰克尔得了"计算机病"："现在每个用计算机工作的人都知道这种病。这种病非常厉害，完全妨碍工作。问题就是你总是'玩'计算机，它们太神奇了。"IBM 强大设备组成的计算系统近乎瘫痪了，但弗兰克尔却在办公室里考虑如何用它做无关紧要的计算。

9 个月，IBM 的高性能计算系统只做了 3 个计算任务，完全没有体现出预想的那种强大计算能力。问题出在哪儿？

费曼接手后发现了问题。操控 IBM 设备的是一群从全美高中征招来的有工科潜力的小伙子，他们每天忙着在卡纸上打孔，和莫名其妙的数字打交道，却不知道做的是什么，又为了什么。他们士气不振，工作进展缓慢。费曼去恳求奥本海默（"曼哈顿计划"负责人、知名物理学家），奥本海默又去说服安全部门。最终，费曼被允许向这些小伙子们做了一次讲座，告诉他们在计算什么，如何计算，以及意味着什么——简单地说，造原子弹，拯救世界。小伙子们听后士气高涨，工作态度出现大扭转，3 个月就完成了 9 个计算项目。

费曼和他的同伴们还发明了一些让这个计算系统更快的诀窍。与之前的 Marchant 机械计算器组成的计算房间类似，在 IBM 计算系统的"房间"里，卡片沿着流水线一圈一圈地转，进行计算，一组卡片是一个计算任务。在卡片流水线上，总有很多空档。当需要加快计算时，他们尝试在一组卡片后面加上另一组不同颜色的卡片，也就是穿插着处理另一个计算问题。

他们能同时处理两个或三个计算问题。一种颜色的卡片代表一个问题，当跑三个问题时，"房间"里有白色、蓝色、黄色三组卡片循环转动。这些卡片应该各自成组，三种颜色完全分开。费曼外出了一段时间，等他再回来时，不禁大吃一惊：流水线上各种颜色的卡片乱作一团，房间里看起来人仰马翻。费曼刚要动手指挥，小伙子们跟他说："你先出去，先出去。等一下再给你解释。"实际上，设备并没有陷入混乱，他们穿插更多的卡片是为纠正错误，让计算能继续下去。费曼在口述自传中说："'别烦我们！'他们说。我识趣地闪到一边，结果也出来了。我们按时完成了任务。"

借用费曼自己的话和他传记作家记录的资料重新讲述这个故事，我发现，这是一个精彩的关于学习使用技术工具的案例。让我换一种方式再讲一遍，他们经历的每一步都足以作为我们学习使用工具路上的启示：

（1）首先，你要能将问题转换成适合计算机处理的问题。换到当下的学习场景则是，将问题转化成适合计算机、软件、编程、互联网、AI 能处理的问题。请考虑，如何转换你遇到的学习问题？

（2）有什么工具，你就先用什么工具。Marchant 机械计算器也可以用来计算。

（3）工具坏了，你得学会自己修。如果不会修工具，你不算真正会用工具。

（4）如果有更高性能的工具，要想办法搞到。如费曼他们订购了IBM 的乘法器与表格机等。

（5）先用笨方法拼凑现有工具与手段，努力提高效率并试验新方法。费曼他们用 Marchant 机械计算器和计算人员组成流水线，编制计算程序。

（6）搞到新工具之后，别等着别人来教你。费曼他们不是等人来安装设备，而是自己动手。我们现在经常面临的情况是，尽管技术工具容易获得，但学习曲线很陡峭。我们得自己搞定如何使用。

（7）别像弗兰克尔那样得"计算机病"。喜欢技术工具的人经常容易花很多时间琢磨它们，而忘记了用工具要实现的目标是什么。别犯这种错误。

（8）别只是简单地用工具，要搞明白原理、方法、意义。搞明白了这些，你会像那些听了费曼讲座的小伙子们一样充满干劲。

（9）工具的运用永远有大幅改进的机会。像费曼团队做的那样，
　　　找到方法让 IBM 计算系统同时处理多个计算任务，再次数倍
　　　提升性能。

（10）最后，运用技术工具完成实际任务时，它可能看起来不再
　　　　完美，甚至有点杂乱，但那些看似难看的补丁有其存在的
　　　　理由——如果它能很好地完成任务，那就由它去吧。

从入门到精通：如何选择你的路径

"从入门到精通"是在学习各种技术工具时很动听的一句话。这
大概是为什么有众多技术书籍以此为书名，而本章也在章名中说
"如何精通一种技术工具"。从入门到熟练再到精通，这是我们想
要的理想学习路径，如图 8-1 所示。

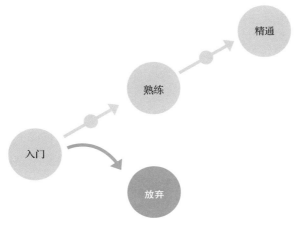

图 8-1　学习使用一种工具：从入门到精通，还是从入门到放弃

在网上，你会看到对这一类书名的调侃与篡改，比如"Python：从入门到放弃""MySQL，从入门到删库跑路"。请你回顾自己曾经尝试学过的各种技术工具，你可能学过几十种办公软件、网络应用、手机 app、笔记应用以及编程语言等，多数应该都不是按从入门到精通这条路径发展的。少数你可能还在日常使用，但也仅停在熟练阶段，而大多数被放弃了。如果你足够努力且幸运，有个别工具你可以自称是精通的。

"从入门到放弃"这一现象并不局限在软件类工具。在其他工具上，我们也曾陷入类似的困境。我们都曾尝试学习各种知识管理方法、运动锻炼方法、摄影技巧、视频拍摄技术、厨艺技巧、极简主义生活方式等，但绝大多数我们都没能坚持下来。

从我们雄心勃勃地开始学习到这样的现实之间，发生了什么？在试图重塑我们的工具学习之旅前，先一起试着回答这个问题。我们的看法包括三个方面。

第一，我们应当让自己的绝大多数工具学习尽快地走完"从入门到放弃"的过程。

我们的学习内容可以分成三类：知识、工具与技能。以读书为例，我们读书是为了获取书中的知识，我们会采用各种阅读工具，如电子书、笔记软件、阅读方法工具等，我们也会觉得磨炼自己的阅读技能是必要的。

就工具而言，我们本来就不应该尝试精通所有的工具。阅读时，你不需要同时用数十种笔记软件，可以尝试多种然后选择一个适合自己的。坚持精通每一种新的笔记软件是歧途。有时候，试图掌握所有工具的成本是高昂的。让我们以摄影为例来直观地看成本问题。学摄影，你要学习摄影知识、购买摄影器材、进行拍摄练习。虽然买新相机、新镜头会带来摄影效果的提升，但这往往非常费钱。

我们常会在某个时刻掉入"差生文具多"的陷阱。我们会接触到各种新奇的工具，看到别人在用看起来更好的工具，于是也跟着去用。跳出陷阱的方式是，认识到工具只是手段。我们要能快速判断：这个工具能否帮我们达成目标的 10 倍提升？如果不能，直接"从入门到放弃"。

第二，有价值的工具是我们能用起来并且真正会每天使用的工具，而非最先进的工具，更不是最新的工具。

每个人都会期望，精通某一工具后自己可以做到之前完全不可能做到的事。的确存在这样非常先进的工具，当遇到这样的工具时，我们应该毫不犹豫地去尝试。但是，多数工具的效能都落在一个上下限区间范围内，仔细比较会发现，这些工具只有细微差别，我们只需选择一个自己能每天用到的工具即可。有的工具非常先进，但如果我们用不上，那它对我们暂时也没什么价值。

对我们来说，熟练使用的那些工具才是高价值的。学习工具的起点不应该是入门新工具，而应该从当前在用的工具开始：它们帮我们完成什么任务？如何更高效地使用当前工具？能用什么替代当前工具或仅替代当前工具的一部分？回想一下，费曼他们是如何用 Marchant 机械计算器和计算人员组成计算系统的。

如你所见，学习的路径变了：不再是从入门开始最后放弃，而是从熟练开始向精通攀升。这条路径是渐进式的与务实的，成功则效率大幅提升，不成功则继续用原有工具。

第三，缩小范围，先设法做到精通一个工具中与你完成任务有关的部分。

传统学习使用工具的思路是，在从入门到熟练的过程中投入大量的时间和精力。未经长期的学徒阶段不能出师，未通过考试不能获得驾驶证去开车。但我们要注意到，多数技术工具已经尽量将使用门槛降低，也将从入门到熟练（当然仅是部分特性）变得相当容易。以智能手机为例，即便是未接触过它们的老人也能在半小时内学会使用，然后用微信与亲戚朋友保持联系，多数工具都有点像智能手机。

现在，从入门到熟练使用各种技术工具的过程相对较短，障碍也较少，真正难的是从熟练到精通。试图全方位地精通一个工具是不现实的，务实的策略是聚焦你要完成的任务，在使用这一工具完成这项任务上先尽量做到精通，而且在实际使用时，我们也相对容易走向精通。

回看我个人的工具学习体验，我曾经将很多题为"从入门到精通"的书读成"从入门到放弃"——根本没读完。原因是，这些书的特性是包括了全面的基础内容，引导我们先全面地学习某一技术工具，然后练习，最后实际运用。结果仅是试图将一本书读完就已经耗费了大量时间。这些书的正确读法应该是只重点读我们所需要的那几章。

我们多数时候是卡在从入门到熟练之间的某个中间点。与其这样，我们不如设法让自己停在从熟练到精通之间的某个中间点（见图 8-1）。通过缩小范围并完成实际的任务，我们能更容易到达那一点。因此，学习技术工具的推荐路径是带着实际任务学习使用，在单点上做到熟练。采用这样的方法还有一个优点：与技术工具伴随而来的常是大量陌生的名词、术语、概念，当我们聚焦用它完成一个实际任务时，我们可以仅关注相关的，忽略其他的，不必先与所有概念搏斗一番。

如何一步步学会技术工具的使用

如何一步步学会较为复杂的技术工具的使用，讲解这个话题的最好方式是，就一个具体的技术工具展开讨论，一半讲工具本身，一半展示学习方法。不过，由于篇幅限制，我们将按过程来讨论工具学习的各个阶段，如图 8-2 所示。

图 8-2　工具学习的各个阶段

确定适用范围

当我们学习一个技术工具时，要提前搞明白它的适用范围。例如，若我们将本节视为学习工具，其适用范围是什么？它适用于学习用以完成任务的较为复杂的技术工具。类比来说，你的目标不是学习用手机拍照，而是用专业相机完成工作任务。普通人也能简单地按下专业相机的快门，但专业人士才能真正地用它工作。

因此，在学习任一技术工具前，我们应明确两个问题：①工具是什么？②任务是什么？它们的答案看起来显而易见，但若忽略这两个问题，我们就容易浪费大量时间。例如，一次学习时我要做的是学习初步掌握笔记工具 Obsidian[⊖]，并用它在电脑上做日常笔记。在花了一周多的业余时间学习后，我突然一拍脑袋：我这是在干什么？我对比了多种其他工具与方案（如 Notion、飞书、本地文档、云文档、苹果备忘录等），搜寻它们的使用技巧与实例，并尝试用它们整理笔记以评估效果。但这不是我这次学习的任务啊！如果我真正聚焦的话，我的任务一个晚上就完成了。

阅读文档并直接使用

使用微波炉、手机都不需要说明书，直接用就可以了。但学习使用较为复杂的技术工具时略有不同，它们固然可以直接使用，但建议你先阅读对应的文档。不管你出于什么理由不想读，建议都

⊖ Obsidian 是可以在电脑与手机上用的开源笔记软件。它的特点是可以用 Markdown 文本写笔记，笔记文件以 Markdown 文件形式本地存储，支持笔记条目与笔记条目之间的链接（包括反向链接）。它有多种插件（如日历、看板）可供选用。

是：读文档！[⊖]

文档有多种形式，最基本也最重要的是技术产品本身附带的文档。如果你使用的是软件产品，面向用户的使用指南一般通俗易懂；如果你使用的是软件代码库，它们常配有详尽的技术文档、使用指南；对开源代码库，你还可以直接阅读代码本身；对一些较为广泛接受的技术工具，你可以找到相关书籍作为技术文档的替代。

你可以用冲刺读书法来阅读这些文档，但在略读一两遍之后，你要立刻开始试着使用。你可以先照着例子做，在文档与指南中一般都有不少例子。在阅读文档方面，AI 已经可以提供不少帮助。比如，你可以将文档给 AI 并提问，请它告诉你如何使用；遇到问题时，你也可以将错误信息描述给 AI，让它根据文档为你提供建议。

尝试照着教程做

当你开始用工具完成具体任务时，你会发现仅依赖文档是不够的。工具并不总是按照你的预期运作。出现这些状况是因为工具往往是与一系列其他组件一起工作的，针对你的具体问题，工具常要做很多设定，而文档通常无法提供这些方面的充足信息。

这时，我们往往会借助一类特殊的学习资料：教程与实例。对每一个技术工具，你都能在互联网上找到教程与实例，可以一步步

⊖ 对此，在互联网技术圈有一个黑话是"RTFM"（去读该死的手册），意思是去读文档、用户指南、在线帮助、在线论坛、软件文档等。

照着做。值得注意的是，不仅常见的大众工具有很多教程，小众工具其使用者也会很热情地分享许多精彩教程。

照着教程做时，我们像有了一位拥有一线经验的实践导师，他带着我们走一段。比如学习使用 Midjourney 这个文本生成图像的 AI 工具。在文档中我们读到，可以使用一些参数，如用 `--ar 4:3` 设定图像的长宽比，用 `--stylize 500` 设定图像的风格化值等。我们可以在网上看到很多实例，例如用艺术家名字设定风格（如输入 Picasso 会模拟毕加索风格）、设定绘制方法（如真实照片、油画、水彩画）等。我的学习体会是，别人在网上分享的各类详细的教程极具学习价值，你照着做 100 个例子，很多实践经验就学到了。

尝试单点突破

学习了一段时间后，你能熟练地使用这一技术工具完成不少任务，但你也明显地意识到，自己的水平处在一个不高不低的平台期——你不是新手，但绝对算不上达到专业级水平。当我们去看各种以"从入门到精通"为题的书时，我们其实是想通过阅读来掌握更多知识点，从而跨越平台期。书籍作为学习资料的优点是系统性。但作为技术工具学习的辅助书籍，它们的一个特点是试图将我们引向信息的广度。这既是它的优点，又是它的不足：优点是它可以帮我们将工具放到大图景中；不足是它所描绘的图景往往过大。除了书籍，我们还可以采用如下两种方法：

第一，就自己已经掌握的工具特性和任务，往下深挖。我们带着如下问题去搜寻资料、进一步学习：这种做法背后的原理是什么？打开黑盒子，这种做法拆分后的工作逻辑是什么？这种做法还可以如何改进？有什么能做得 10 倍好的方法？这是围绕你已经熟悉的某个功能的深挖。

第二，扩大单点，即掌握其周边相关的功能特性。比如，我们已经掌握了特性 A，那么也设法学会与它相关的特性 B、C、D、E 等，并进一步将它们组合起来运用。

以 Notion 这样的个人笔记或飞书中的团队笔记（飞书云文档）为例，你已经熟练掌握了它们记笔记和写文稿的功能，现在你可以进一步拓展使用：可以学习使用多维表格来制作任务进度表；可以学习如何邀请其他人来对你的文章进行协同编辑；还可以将写好的文稿公开发布，无须任何额外工作，你就有了一个对外发布的信息网页。

学习与使用一个技术到了这个阶段，我们通常已经超越了熟练，达到了熟练与精通的中间点。之后，能否再进一步达到精通，取决于你的决心、投入和学习技巧。总之，一个有效的学习路径是，从自己熟悉的功能点稳步地向周边功能去拓展。

对如何学习使用一个工具，我们的建议与常见思路有些不同。很多人认为，学习使用工具和学习知识一样，全面非常重要；但我认为，能熟练使用的单点的价值远超过全面。以各种办公软件为例，我们最多也不过使用它们 5% 的功能，试图掌握它们的所有功能特性只会浪费时间。就一个编程语言或程序库而言，精通者

所知的并高频度使用的也常是单点。我们所追求的精通应始终是
对单点的深入理解与应用。

「列表」 用好工具的 10 个理念

1. 关注任务，而非工具。工具与使用工具的技能仅是手段，完成任务才是目的。

2. 用先进工具，而非全能工具。不是用瑞士军刀，而是用电钻。

3. 重器轻用。尽量用强大的工具，但不求用尽一个工具的全部功能，而仅用我们需要的那个功能。王树义、张玉新等将这种做法称作"重器轻用"。

4. 精通基本工具。以文字编辑为例，纯文本格式、Markdown文本格式、LaTeX 公式格式和正则表达式（Regex）等是基本的工具。

5. 用最适合自己的工具。寻找适合自己的工具，做好个性化设置并持续地使用它。尽量不纠结于"别人都用的工具，我是不是也应该用"这样的问题。

6. 与他人协作时的工具要妥协。你的伙伴用什么，你也用什么，除非你能说服大家一起更换工具。

7. 始终用工具的最新版本，但避免过早将新工具投入实际使用。优秀的新工具要尽早试用，但不要太快地将它投入使用。

8. 将工具组成工具箱。用你选择的工具组成你的工具箱

（工具系统），保持你的工具少而精。持续更新你的工具箱，每次纳入新工具时考虑它与其他工具的匹配度。

9. 力求每次将工具使用得更深入一些。每次当你使用现有工具或尝试新工具时，都力求完全掌握它的某一个功能。

10. 持续寻找提效 10 倍的工具。持续寻找那些能将完成任务的效果提升 10 倍的工具，这就是为何我们应关注 AI 工具。

成为工具高手的方法：入门教程、培训课程、操作标准

如何才能成为工具高手？用教来学。你可以用以下三种方法成为高手：将所学整理成入门教程；将所学设计为培训课程；将所学制定为操作标准（见图 8-3）。这三点也反映了我们水平进步的阶梯：能编写一个入门教程，我们入门了；能教给别人，我们通常

图 8-3 成为工具高手的方法

已经熟练掌握了；能形成供自己和别人使用的标准操作流程，我们就接近高手的专业水准了。

将所学整理成入门教程

入门教程（注意，这里我们特别加上了"入门"二字）是我们从软件开发中借鉴的术语。当学习一个新技术时，我们会参考网上或文档中的教程。照猫画虎，照着教程一步一步做，我们就可以写出一个能运行的样例程序。

教程的一种定义是：教程是一种传递知识的方法。它比书籍和讲座更具互动性、针对性。一个教程通过例子来教学，提供一些指导信息，借助它我们可以完成一个特定的任务。教程有点像宜家家具附带的安装说明书，按照上面列的步骤，我们就可以把家具拼装起来。

但如果你想成为高手，可以尝试换一种方式来看待和利用教程。你不是照着别人的教程一步一步做，而是转换角色，为别人编写一个教程。如果你能编写出别人可以照着做的教程，那你的理解会深入得多，因为在编写的过程中，你会更仔细地考虑每个操作细节。

你可能会想，我有资格编写教程吗？这种担心源自将"教程"二字看得过重。这也是为什么我们常在它前面加上"入门"二字。在互联网上，编程技术类的多数教程实际上只是热情的初学者在自己的博客上记录的个人笔记而已。你可以这么理解：你去一个陌生的国外城市旅游后，探索了周围环境，然后在地图上做出标记，并告诉别人如何买票、坐地铁、购物，这便是入门教程。

入门教程的内容往往很简单、直接：第一步，如何做，做了有什么结果；第二步……第三步……如果任务较为复杂，你可能会记录几十步。要将这些步骤记录下来写成一个优质教程让别人能照着做，我们自己往往需要重复做好几遍。多做几遍，我们的水平肯定会有所提升。在写教程的过程中，我们也可能被吸引去钻研一些原本忽略的细节，从而有额外的收获。

我们不必每次都从零开始编写一个教程，有时我们可以对网上已有的教程进行修订，形成更新版教程。比如，我曾学习一项更新迭代速度非常快的编程技术，在一两年的时间里，它的编程语言、编程工具、基础技术平台都发生了很大的变化。因此，我修订已有的教程，记录在最新情况下如何一步一步做，从而形成更新版教程。许多技术博客分享教程的逻辑是：编写教程不仅可以帮助他人，也有助于自我学习。

在运用"将所学整理成入门教程"这个方法时，我们要知道，与实际应用时相比，入门教程所呈现的内容经常是简化过的。如果你尝试写一次教程，就会清楚地了解它的这个特点：它是单线条的，尽管一路上有很多岔路口，但它将所有的岔路口都忽略了，而是画了一条粗且明显的指示线条，让初学者可以照着做。因此，不管是作为普通学习者，还是作为编写分享教程的人，我们都不能停留在这个水平层次。

[**实用小技巧**] 如何编写入门教程

1. 简介与原则：选择如何做的具体话题；你的目标是写出简洁的、可执行的操作步骤；确保各步的期望结果清晰。若已有类似教程，你可以在其基础上迭代，还可以考虑使用 AI 辅助编写教程。

2. 编写入门教程的六步：
- 步骤一：选定主题，概述主题，展示预期结果，并列出所需的前置条件。
- 步骤二：实际操作并逐步记录，确保步骤详尽、有序。
- 步骤三：从头开始按步骤做一遍，调整优化步骤。
- 步骤四：精简步骤，但要注意解释易出错的部分。
- 步骤五：从使用者视角出发修改描述，确保其易懂、可操作、预期结果明确。
- 步骤六：校对并调整格式，发布第一个版本。

3. 总结与建议：写下你的总结与建议。

将所学设计为培训课程

教别人能帮自己更系统、更深入地掌握知识。编写入门教程是简单地教，你也可以尝试正式地教，将你的所学设计成培训课程。可以考虑以培训讲座的形式，将你所学到的教给同事们。写一个入门教程相当于给一个人做示范，让这个人按照你的步骤做，而举办一次培训则是向更多人清晰地解释原理、方法和步骤。

做一次专题分享或培训，要求一下子提高了很多：我们需要深入理解背后的原理，并且具备整体视角。我们要了解那些分岔口，并知道在各个路口时为何这样选；我们也要了解什么地方可能出现问题以及如何解决问题。优秀老师授课时的自信正是因为他们对这些了如指掌。

如何讲好一次课是一个很大的话题。简单来说，你要做的是将你知道的某项知识清晰地传达给听众，但要避免滔滔不绝地灌输式讲授，而要更多地用实例和示范来展示具体操作——你要展示给他们看，让他们看到。

> **［实用小技巧］** 课程大纲要让学习者有成就感
>
> 朱莉·德克森（Julie Dirksen）在《认知设计：提升学习体验的艺术》[一]一书中建议课程设计要让学习者有真正的成就感："让他们利用所学做成事情，围绕这些事情来组织教学内容。"假设有一个初学者使用Photoshop的培训，两种课程大纲对比如下：

［一］ 资料来源：德克森.认知设计：提升学习体验的艺术［M］.赵雨儿，简驾，译.2版.北京：机械工业出版社，2016.在不改变原意的情况下略有调整。

课程 A	课程 B
第 1 课：使用图层	第 1 课：如何创建一个时髦的博文标题图
第 2 课：图像编辑	第 2 课：如何使一张普通的照片变得惊人的漂亮
第 3 课：使用滤镜和效果	第 3 课：如何创建一个相册封面
第 4 课：使用钢笔工具	第 4 课：如何将路人从你的旅游照片中 PS 掉

「**实用小技巧**」 讲课时，进行展示，而不要灌输

讲课时，展示结果或对比，而不是仅讲一些原则给学习者听。讲写作技巧的书中也经常说，展示比讲述更具说服力。例如，讲述是"她很伤心"；展示是"她的眼角滑落了一滴泪"。朱莉·德克森给出如下与课程相关的示例：

灌输（Tell）	展示（Show）
"项目管理中最大的问题之一是范围蔓延。让我们列举一些可能导致范围蔓延的原因……"	"好的，同学们，你们在本周要和项目客户开一个需求更新会议。可能会遇到什么样的问题？会对本周要交付的产品产生什么影响？"

灌输（Tell）	展示（Show）
"在本次讲座中，我们将讨论犯罪分子利用证券交易进行洗钱的五种主要方式……"	"假如犯罪分子需要隐藏800 000美元的非法资金。他第一步可能做什么？从下列选项中进行选择……"
驾驶教练艾德："遇到一辆校车时，你需要遵守一些规则。首先，如果车灯闪烁……"	驾驶教练艾德："你认为人们对一辆停下来的校车最大的担心是什么？……对的，人们会担心孩子下车以及穿越马路……"

将所学制定为操作标准

操作标准，也就是标准操作流程（SOP），是指将经常与反复执行的动作记录下来形成规范，自己或他人照着做就可以达成高标准的工作成果。

如果能将所学变成操作标准，我们就能获得高阶的学习成果。为重复动作制定操作标准有如下三个优点：高水平、形成习惯与持续迭代。我们每一次去做都可以达到较高的水平，且不费多少力气。通过将所学变成操作标准，我们可以更容易地将其转化为习惯。有了形成文字记录的操作标准，我们可以持续迭代，让这项操作变得越来越高效。

将复杂的操作过程记录下来并标准化，在各种专业工作中都一再被证明是一种高效的方法。这些操作标准常采用检查清单（Checklist）的形式。一个示例是，由于中心静脉置管容易引发感染，约翰·霍普金斯医院的医生们为此制定了一个标准操作流程，其检查清单如下：①用消毒皂洗手消毒；②用氯己定消毒液对病人的皮肤进行消毒；③给病人的整个身体盖上无菌手术单；④戴上医用帽、医用口罩、无菌手套，并穿上手术服；⑤待导管插入后，在插入点贴上消毒纱布。尽管这一标准操作流程初看并不复杂，但当医生和护士严格遵照执行后，病人感染的概率从11%降到了零，挽救了很多人的生命〇。

这是哈佛大学公共卫生学院教授阿图·葛文德（Atul Gawande）书中的一个案例。他曾是美国白宫健康政策顾问，被《时代》周刊评为全球100位最具影响力的医生之一。在他的著作《清单革命》中，他探讨了如何运用清单应对现代社会的复杂性。他认为，使用清单就像为大脑搭建起一张"认知防护网"。

形成一个操作标准，是将知识、技能及经验封装起来，转化为他人可以信赖的工具。你告诉他人：你用我这个工具就可以了，你可以假设它在99.9%的情况下是正常运转的。如果你的做法能达到这种程度，你自然证明了自己的确算得上是高手。

实际上，即便一件事仅是你自己做，将它编写成操作标准也极有价值，它能让你的操作从需要不时停下来思考变成自动化的，节省宝贵的脑力与注意力，让任务变得更轻松，也让你能更好地完

〇　资料来源：葛文德.清单革命［M］.王佳艺，译.北京：北京联合出版公司，2017.

成任务。一个小建议是，对于你要反复做的任务，最好找一个已有的操作标准，在其基础上迭代，形成你自己的操作标准。

那么，如何写好一个操作标准呢？

首先，编写操作标准时应该避免几个典型错误：①过于简略，忽略必要步骤；②每步只有动作，没有对应的理想结果以便对照检查；③将目标用户看成高手而非普通人，但操作标准的目标用户应设定为普通人。

其次，好的操作标准应从使用者的视角出发编写。他人通常不像我们那样熟悉具体情况。不少人会认为，充满权威语气的操作说明书才是好的，权威也通常意味着说话简洁。美国著名社会学家和思想家理查德·桑内特（Richard Sennett）在《匠人》一书中讨论了著名的厨师如何写菜谱之后，他建议："（写作者应该）重拾战战兢兢的感觉，重新想象新手的忐忑。"他写道："当我们试图教导别人的时候，尤其是通过书面文字来教导别人的时候，我们必须想起尚未养成这些习惯之前的心情，只有这样才能提供指引⊖。"

最后，在编写操作标准时，不必追求一开始就达到完美，而应持续对其进行迭代。"操作标准"这个名称可能有些误导性，因为"标准"往往被认为是恒定不变的。实际上，操作标准应持续更新，以适应新情况。借用桑内特的话说，它们应该是"积极而开放的"。

⊖　资料来源：桑内特.匠人［M］.李继宏，译.上海：上海译文出版社，2018.

「**实用小技巧**」 避免无效指令的自检清单

- 通过实际场景进行解释，帮助读者更好的理解。
- 描述动作时，同时说明其过程和意义。
- 不要假设读者了解所有细节，要明确标明容易出错的地方。
- 明确写出常被忽略的常识。
- 要有必要的图示。
- 使用简单明了的语言，避免使用复杂词汇。
- 内容符合大多数读者的认知习惯。

如上检查清单是在《匠人》"第六章　形象的说明书"中关于"无效指令"的讨论的基础上编写的。

本章要点

- 快速学习工具的策略是，选择一个功能实际使用，让自己使用该功能超越熟练、接近精通。
- 学习使用工具可分为四步：①确定适用范围；②阅读文档并直接使用；③尝试照着教程做；④尝试单点突破。
- 用好工具的理念包括：关注任务，而非工具；用先进工具，而非全能工具；重器轻用；精通基本工具等。
- 成为工具高手的三步进阶：将所学整理成入门教程；将所学设计为培训课程；将所学制定为操作标准。

「 **现在就行动吧！** 」

- 列出你学过的 20 种技术工具，按时间倒序从后往前列。回顾你的工具学习经历，写下 3 个经验与 3 个教训。
- 选择一个软件的特定功能，尝试学习做到一天内实际运用，努力使自己的使用水平接近精通。记录下你的学习过程并自问：如果从头再来一回，我可以如何改进？

第九章

穿透提问
AI 时代如何掌握提问技能

生成式 AI 出现之后，提问的技能从"重要但不常用的"变成"重要且常用的"。

我们向 AI 提问，让它回答我们的疑问，完成我们的要求。你向 AI 聊天机器人提问，可以立刻得到回答。普通的提问，得到普通的回答；优秀的提问，得到优秀的回答；假若给出误导的提问，你将得到糟糕的回答。同时，AI 的回答可能是不完美的，甚至是有错的，我们作为提问者要能判断 AI 回答的对错。

在 AI 兴起后，我们要重新学习如何提问，并将提问作为一个主要方法论正式纳入穿透学习法之中。提问是本章的主题。本章也是很特别的一章，你可以将它看成本书学习方法论的一个大案例，我们一起进行提问主题的学习，并一起探索如何学习一项技能，如何运用新技术工具，在学习中如何运用复制知识大纲等各种方法。

重新学习提问

AI 出现后，我们开始更频繁地运用提问这项技能——现在可以随时随地向 AI 提问。会提问，我们就能更有效地获取知识与信息。

提问还有人不会吗？实际上，很多人不会提问。你可以用一个小测验来自测一下：

（1）就你正在关注的一个话题，你有疑问吗？如果有，请列出来。

（2）尝试就你的疑问向他人提问。小提示：除了努力清晰地阐述问题，请务必考虑应向谁提问。

（3）在得到回答后，如何判断它是不是好答案？

提问技能的本质是逻辑思维能力。让我们从这一观点出发，开始重新学习提问的旅程。

划定学习的边界：聚焦评估回答

在第二章中我们说，想学透一个主题，要先划定领域知识边界。对提问这个主题，我们没能找到一张完全匹配的地图。我们不得不尝试着拼凑出一张自己的地图，再划定学习的范围。这里绘制了一个关于提问的简易地图，如图 9-1 所示。它并不完备且有的地方是模糊的，但我们抱着"够用就好"的态度使用它。

首先，有两大类提问：一类是有疑问，寻求对疑问的解释；另一类是有要求，寻求回答者给出解答。这两者经常有重叠，有时要

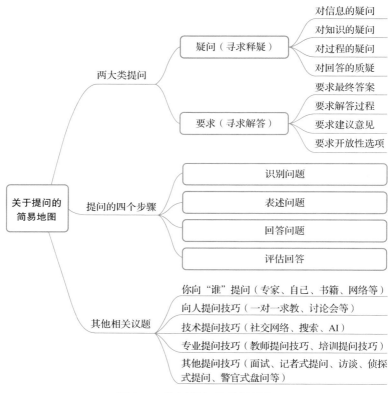

图 9-1　关于提问的简易地图

求会披着疑问的外衣出现："能给我解释下这道题吗"实际上是"请给我这道题的答案吧"。我们为了讨论方便，将它们略加区分。另外，有人在说话时会将建议伪装成提问："你这样做，是不是可以？"我们把这种冒充的提问排除在讨论范围之外。

其次，提问有四个主要步骤：①识别问题，即问题是什么；②表述问题，提问者考虑如何清晰地表达问题；③解答问题，回答者给出答案；④评估回答，提问者评估答案的准确性和质量。

关于提问还有很多议题，比如求职面试、记者式提问、视频访谈、侦探式提问、警官式盘问等场景式提问。这里均将它们排除这一次学习的范围。

至此，我们确定了这次学习要关注的是如何回答问题与如何评估回答。⊖

复制框架：批判性思维者的提问框架

确定了学习的边界后，我们开始寻找可以从中复制提问知识体系的资料。批判性思维指南《学会提问》与我们的学习目标很匹配，我们所选用的是机械工业出版社于 2021 年出版的原书第 12 版中文版。该书认为："作为批判性思维者，你的目标就是不断追求更好的结论、更好的信念以及更好的决定。"

这里复制它的知识大纲，如图 9-2 所示。⊖为了有效呈现，在这里仅展示一个简化版，包括一级条目和部分二级条目。可以看到，《学会提问》知识体系的重点是提供了评估回答的框架：论题、结论、理由、词义、假设、论证、证据、替代原因、数据。它还包括两个开放性问题：是否遗漏信息？是否有其他结论？。

⊖ 面向同一个主题，我们的关注重点会有很大的差别。比如，在方军、柯洲、谭星星所著的《成为提问工程师》一书中，我们聚焦向 AI 提问时如何表述问题。相应地，我们认为在向 AI 提问时可采用结构化提问模板，对它的介绍可参见本章附录 9A。

⊖ 资料来源：布朗，基利.学会提问：第 12 版［M］.许蔚翰，吴礼敬，译.北京：机械工业出版社，2021.

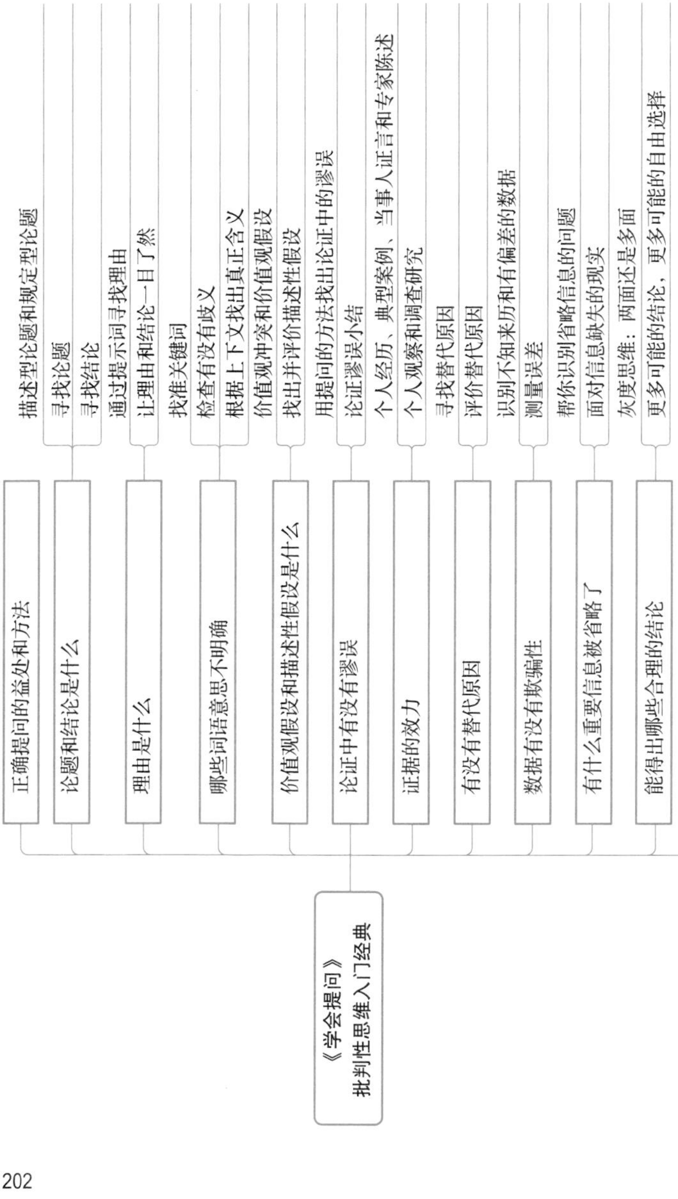

《学会提问》批判性思维入门经典

- 正确提问的益处和方法
  - 描述型论题和规定型论题
- 论题和结论是什么
  - 寻找论题
  - 寻找结论
- 理由是什么
  - 通过提示词寻找理由
  - 让理由和结论一目了然
- 哪些词语意思不明确
  - 找准关键词
  - 检查有没有歧义
  - 根据上下文找出准正含义
- 价值观假设和描述性假设是什么
  - 价值观冲突和价值观假设
  - 找出评价性描述性假设
- 论证中有没有谬误
  - 用提问的方法找出论证中的谬误
  - 论证谬误小结
- 证据的效力
  - 个人经历、典型案例、当事人证言和专家陈述
  - 个人观察和调查研究
- 有没有替代原因
  - 寻找替代原因
  - 评价替代原因
- 数据有没有欺骗性
  - 识别不知来历和有偏差的数据
  - 测量误差
- 有什么重要信息被省略了
  - 帮你识别省略信息的问题
  - 面对信息缺失的现实
- 能得出哪些合理的结论
  - 灰度思维:两面还是多面
  - 更多可能的结论,更多可能的自由选择
- 干扰批判性思维的障碍

图 9-2 从《学会提问》复制的知识大纲(部分二级条目折叠)

我们可以拿这个知识体系与其他知识体系进行相互印证，以判断其质量。《学会提问》和《如何阅读一本书》的方法论是相似的。《如何阅读一本书》的分析阅读部分的规则同样提醒我们要关注一些要点，比如：在阅读时，确定作者的问题、词义、主旨、论述等；在批评时，证明作者的分析有逻辑缺陷或理由不完整。

总之，从《学会提问》中复制的知识体系可以协助我们回答：由结论和理由组成的论证是不是合理？知识体系像衣柜，关键在于里面的衣服。我们用《学会提问》作为本次主题学习的课本，沿着它的指引去探索。我们将不一一赘述如何采用深度复制五步和冲刺读书法学习每一个细节，而直接进行一些重点探索。

但我们还是想向你展示学习过程中的一个输出，通过它你可以了解批判性思维的基本概念。在重新阅读《学会提问》第 1 章后，我们制作了大纲与详尽大纲，如图 9-3 所示。为便于查看，其中三级条目被折叠起来了。我们还将其核心逻辑制作成一个简单图示，放在这个图的最上端：批判性思维和批判性提问帮我们分析信息与论证，从而认识真相、形成信念，并最终学会做出更好的决定。我们可以从两个方面运用：一方面是接受，我们对文本进行分析；另一方面是发言与写作，我们自己书写文本进行论证。

重点探索：找出假设与采用灰度思维

我们来探索两个重点问题：如何找出没有明说的假设？为何要尽量避免二分法思维而采用灰度思维？

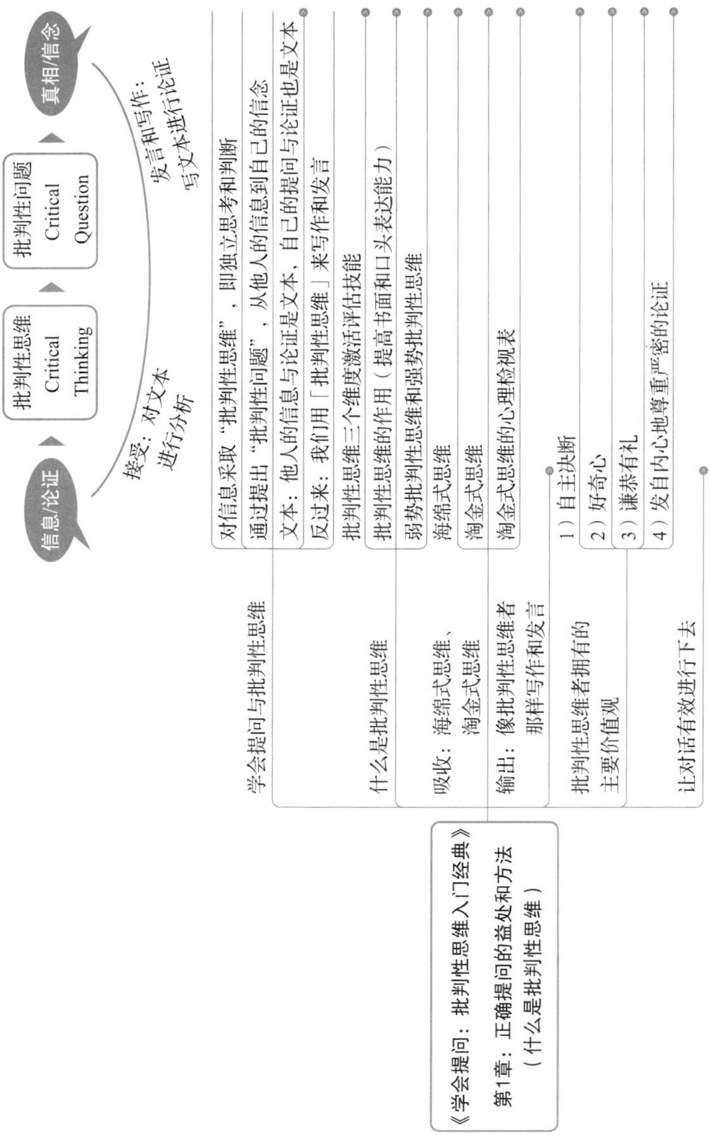

真相信念

信息论证

接受：对文本
进行分析

批判性思维
Critical
Thinking

批判性问题
Critical
Question

发言和写作：
写文本进行论证

对信息采取"批判性思维"，即独立思考和判断

通过提问"批判性问题"，从他人的信息中形成自己的信念

文本：我们用「批判性思维」来写作或发言

反过来：我们用「批判性思维」来写作和发言

批判性思维三个维度激活评估技能

批判性思维的作用（提高书面和口头表达能力）

弱势批判性思维和强势批判性思维

海绵式思维

淘金式思维

淘金式思维的心理检视表

学会提问与批判性思维

什么是批判性思维

吸收：海绵式思维、
淘金式思维

输出：像批判性思维者
那样写作和发言

批判性思维者拥有的
主要价值观

让对话有效进行下去

1）自主决断

2）好奇心

3）谦恭有礼

4）发自内心地尊重严密的论证

《学会提问：批判性思维入门经典》
第1章：正确提问的益处和方法
（什么是批判性思维）

图 9-3　《学会提问》第 1 章的详尽大纲（三级条目及部分二级条目折叠）

在互联网上，我们很容易判断失误或接受错误结论。我们不是因为结论、理由或论证过程有问题而判断失误，这些错误是相对易分辨出来的；很容易让我们判断失误的情形反而是我们没有仔细辨别、没有明说的假设。

随着 AI 的出现，识别假设变得更重要了。AI 回答时，它的结论、理由、论证过程都明确地包含在回答之中，但假设不会；反过来，在我们让 AI 帮忙分析别人文本的论证过程时，它也无法知晓未包含在其中的假设。两种情况给我们提出的要求都是，我们要自己去把假设找出来。

《学会提问》将假设分为两种：价值观假设与描述性假设。价值观假设是这个世界应该是什么样；描述性假设是这个世界过去、现在或未来是什么样的。这些假设的特性是：①隐藏或未明说的；②论证者认为理所当然的；③对决定结论有较大影响的；④可能具有欺骗性的；⑤对指向一个特定结论的理由而言是必要的。

我们都知道，识别未明确表达的想法很困难。怎么找出假设呢？我们认为，找出假设的一个方便之道是用现有材料重新做论证，在这个过程中我们可以将假设一个一个地"揪"出来。我们可以请 AI 协助，借助 AI 的语言能力和推理能力重新做论证。我们还可以这样提问让它推测假设："在这个讨论中，有什么未说出来的假设？请逐一列出。"

我们再看灰度思维。

在网络环境下，我们易犯一种错误：认为一种看法不是对的就是错的。互联网的信息传播特征是，它会将最支持和最反对的信息鲜明地摆在你的面前。你可能会忽略中间的看法和各种观点的微妙区别。这种信息环境会导致很多人采用非黑即白的二分法思维，倾向接受偏向某一端的看法，即观点的极化。

我这里最关注的还不是非黑即白或极化，而是一个更深层次的问题：两端分别是对与错，而两端之外还有什么？特别地，从"对"的这一端往外延伸，是否还有更好的答案？我们容易接受一个答案是对的、另一个答案是错的情形。实际上，除了对的答案，还有更好的答案，甚至可能有极好的答案。

假设还有更好的答案，是在网上获取优质信息的一大妙招。每一次在停下来之前，我们都应该问自己：使用搜索引擎时，如果继续搜寻下去，能否找到新信息并把我带向更好的结论？向 AI 提问时，如果换别的方式提问，我能否让 AI 给出更好的回答？

我带着这个问题去《学会提问》中寻找答案，发现它的确给我们提供了数种解决之道：寻找可能缺失的信息；避免使用二分法；采用灰度思维；关注条件句；寻找更多可能的结论。其中，条件句与假设部分等同是相关的，未说出来的是假设，说出来的是条件句。因此，我们关注的两个重点问题其实是紧密关联的。

实际练习：用 AI 进行 10 倍速练习

《学会提问》的独特之处在于，它将批判性思维放到一个可实际使用的场景（即评判一段话），并让我们从两个不同的角度直接练习，如图 9-4 所示。

a）用批判性思维来分析接收到的信息　　b）像批判性思维者那样发言与写作

图 9-4　练习批判性思维的两个角度

第一个角度是，就如同它各章最后要求的一样，我们用该章学到的方法进行练习，即用批判性思维来分析接收到的信息。例如，我们学了如何寻找不同的结论，接着，它会给我们一段话，让我们从这段话的论证中得到不同的结论。掌握这个方法后，我们可以随时练习。比如你在书中、网上读到一段话，进行同样的练习，尝试得到不一样的结论。

第二个角度是，我们要转换角色，像批判性思维者那样发言与写作。例如，现在由你来编写或改写一个论证，并要求把隐含的假设全部摆到明面上来接受检视。通过这样的练习，我们可以深化自己在假设上的逻辑思考能力。

AI 为我们的提问练习提供了强大的工具，我们可以让 AI 充当示范者与对话者。

让 AI 充当示范者，我们向它描述方法并让它执行。例如，我们告诉它，任务是要分析一个论证的论题、结论、理由、假设，并提供具体的方法与注意点，即告诉它分析方法。然后，我们给它一段话，由它给出分析。你可以这样使用 AI：

- 你可以用 AI 来分析例题。你对照它的回答与自己的分析，看自己的答案可以如何改进。你也可以将它的回答与标准答案对照，看 AI 的回答是否有错。通过对比两种答案，我们可以快速学习。
- 你可以让 AI 充当学生的角色来进行分析。你的角色则是擅长批判性思维分析的老师。现在，由你来评判这个 AI 学生的回答质量如何。
- 当你面对一个难题时，可以让 AI 为你提供初步分析。从一张白纸开始很困难，但从一个可能有错的草稿开始则容易很多。接下来，在与它的讨论中，你形成自己的论证。
- 如果你的任务是用批判性思维进行发言与写作，你可以让 AI 来质疑你。它用批判性思维挑战你的每一句话，从而帮你完善你的论证。

让 AI 充当对话者。我们阅读的书或文章是静态的文字，现在我们可以让 AI 代替作者与我们对话。我们将论证文字和补充资料给它，指定它的角色，请它代替这书的作者就这个论证来进行回答。你可以这样使用 AI：

- 你可以从基础的问题开始提问：论题是什么？理由是什么？假设是什么？
- 你可以寻求解释：从上下文来看，这个词是什么意思？

- 你可以直接质疑：请重新检查 × × 问题是否有论证错误。
- 你可以提出新要求：根据补充资料，你能得出什么不同结论?
- 你也可以如前文讨论的，请 AI 列出所有未曾明说的假设。
- 你还可以与它开放性地讨论，得到包括结论、理由、假设、论证过程等在内的新论证。

可以看到，用好 AI 提问这个技术工具，可以给你的学习带来极大的效果提升。过去，你有多少机会让一个人随时与你进行讨论与辩论呢？现在，你有一个能随时与你对话的"人"，他的水平可以按需设定，并且他能耐心地与你对话，即时给你反馈。

如果你想更多地了解如何向 AI 提问，可参考本章附录 9A"向 AI 提问的 8 个原则"。

[**实用小技巧**] 在网络上提问前，需要做什么

（1）尝试在你准备提问的论坛上已有文章中搜索寻找答案。
（2）尝试上网搜索寻找答案。
（3）尝试从阅读手册中寻找答案。
（4）尝试从常见问题文件（FAQ）中寻找答案。
（5）尝试通过自己检查或试验寻找答案。
（6）向你身边的可靠朋友打听寻找答案。

资料来源：摘自埃里克·雷蒙德（Eric Raymond）和瑞克·莫恩（Rick Moen）关于技术问题提问的指南文章《提问的智慧》。埃里克·雷蒙德也是开源软件开发经典之作《大教堂与集市》的作者。

「**实用小技巧**」 提问时，描述目标而不是过程

如果你想弄清楚如何做某事，那么在提问的开头就描述你的目标，然后再说明让你卡住的特定步骤。

愚蠢问题：我怎样才能从某绘图程序的颜色选择器中取得十六进制的 RGB 值？

聪明问题：我想将一张图片的色码替换成自己选定的色码，我现在知道的唯一方法是编辑每个色码区块，却无法从某绘图程序的颜色选择器中取得十六进制的 RGB 值。

资料来源：摘自指南文章《提问的智慧》。

至此，如何提问的讨论看起来就可以结束了。接下来，我们要做的就是在练习与实践中不断地提升自己的提问水平。

但是，如果关于提问的这个主题学习停这里，显然没有达到本书所倡导的"穿透"。我们还有很多疑问待解：与过去和现在相比，未来的提问有什么不同？我们应该如何改变以应对变化？

问题的价值远远大于答案的时代

随着 AI 的能力越来越强，我们已经直观地体会到，如果会提问，我们很容易得到答案。我们现在处在一个问题的价值远远大于答案的时代。

我们知道，问题（Question）大于答案（Answer）。爱因斯坦有句名言：“不要倾听有答案的人，要倾听有问题的人。”

我们也知道，界定问题（Problem）往往比解决问题（Solution）更值得投入精力，“问题本身的界定，要比其解答更为重要”。[⊖]

以上两段话中，我们用括号标注英文以区分“Question”与“Problem”的微妙差别。它们其实有着相似的含义，我们也常笼统地说：提出一个问题比解决一个问题更重要。

虽然我们都知道问题比答案重要，但是在行动上我们重视回答远超过提问。人类社会的运行规则往往也是只奖励答案，而几乎从不奖励问题。在本章前半部分，我们充分展示了重视回答的倾向。

如图 9-5 所示，我们将提问的过程拆解为四个阶段：发现问题、定义问题、解答过程、回答。普通人一般只关注回答，而我们要进一步关注解答过程，并拆解解答过程以提升自己的水平。既然我们已经看到问题的价值远远大于答案，也就应该转而更多地关注提问本身，即发现问题（我有疑问）和定义问题（将疑问清晰地表述出来）。

关于如何定义问题，有很多做法可供参考，这并不是很多人会遇到的难点。科技作家凯文·凯利（Kevin Kelly）说：“当你陷入困

⊖ 这两句爱因斯坦名言的原文分别为：① Don't listen to the person who has the answers; listen to the person who has the questions. ② The formulation of the problem is often more essential than its solution.

图 9-5　提问的阶段：发现问题—定义问题—解答过程—回答

境时，向别人解释你的问题。通常只需要把问题阐述清楚，解决方案就会浮出水面。让解释问题成为解决难题的过程的一部分。"反过来，真正的难题是我们如何发现问题。

那么，如何发现问题呢？传统智慧告诉我们，要像孩子一样有好奇心并渴望了解未知。1921 年，爱因斯坦获得诺尔贝物理学奖后首次到访美国。记者问他："声音的速度是多少？"爱因斯坦拒绝回答。他说："我不会回答你的问题，因为你可以在任何一本物理书中查到答案。"可惜在多数时候，好奇心和求知欲会激发我们像这位记者这样提问。

现在，这样的问题对应的答案仍被视为重要的知识，但我们可以通过爱因斯坦时代不存在的新的提问方式来获得答案：在搜索引擎中获得互联网上的答案，向 AI 提问获得它综合后的回答。这也部分体现了本节标题的观点"提问的价值远远大于答案"：当你知道如何提问时，借助互联网、AI 等信息技术，你可以快速地获得答案。

想象我们像侦探一样探案，上面的这类问题和对应的答案其实只是帮我们搞明白周边的事实。真正的疑问是：嫌疑人是谁？犯罪的真相是什么？这时你的问题不再是泛泛的疑问，而是："在已知如下信息的情况下，犯罪的真相是什么？"

换一种方式来说，现在我们能容易地得到很多问题的答案，而真正的挑战变成了如何发现那些还没有答案的疑问。

另外，有经验的学习者知道，泛泛地寻找疑问效果有限。这种级别的疑问通常只出现在你熟悉的领域。在那里，你已经逐一消除疑点，最后留下的则是你要寻找的真正疑问。

我们发现，前面学习的《学会提问》中的批判性思维也有助于识别问题。很多人对批判性思维的粗浅理解是"你要质疑一切"。但《学会提问》给我们展示的方法论是，针对一个可能对也可能错的论证，提供一个框架来排除疑点，直到找到真正的疑问。我们从中借鉴得来的知识体系也可适用于提出疑问。

想要提出疑问，我们不仅要划大圈，更重要的是划小圈。划大圈是必要的，它帮我们在大片区域中定位问题；一次又一次地划小圈，则帮我们真正地看清每个问题直到找到真问题。好问题的价值远远大于好答案，找到真正的问题是困难的，但也不是没有方法。我们可以用批判性思维划一个个小圈，如图 9-6 所示，直到找到真正的问题。

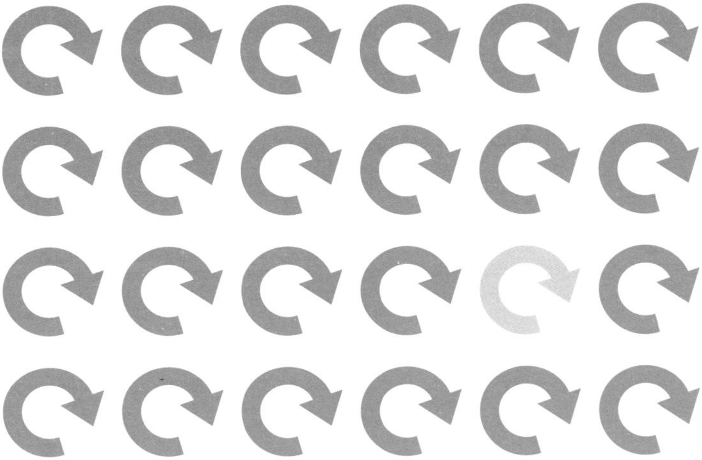

图 9-6　划小圈，才能发现疑问

到这里，对如何提问的主题，我们的学习又深了一点。我们还学到一个实用的提问策略：先用排除法逐一排除各种可能，直至定位到真正的问题。有了 AI 的辅助之后，我们可以更加快速与高效地执行这个提问策略，因为我们可以利用它的即时回答做排除法。

启示：划大圈与划小圈

"学习的基本原则就是钻研微观的细节事物，从而理解是什么促成了宏观上的问题。"乔希·维茨金（Josh Waitzkin）在《学习之道》一书中写道。他既是国际象棋冠军，也是太极推手的武术冠军，他从脑力与体能这两种截然不同的技艺学习中总结出这个学习的基本原则，并将它形象地称为"划小圈"。

划小圈是影响本书学习方法的一个重要理念。我们的学习采用的是划大圈和划小圈相结合的方法：知识大纲帮我们划大圈，深度复制五步帮我们划小圈；冲刺学习法帮我们划大圈，冲刺读书法、深度练习帮我们划小圈。

游戏研究者塞巴斯蒂安·德特丁（Sebastian Deterding）绘制了一张图来展示"目标的嵌套结构"，如图 9-7 所示。游戏的目标结构是嵌套式的，将目标拆成小目标，让你能够不断达成小目标、获得成就感，从而诱惑你持续地玩下去。这张图又被学习研究者朱莉·德克森用在了她的教学设计著作《认知设计》中。

在学习中，我们也应采用这种嵌套式目标结构，用它指导自己逐步完成当前、短期、中期以及长期的目标。这张图非常直观地体现出，我们可以用划大圈与划小圈相结合的方法学习。但请注意，本书的思路与图中有一处微妙的差异：

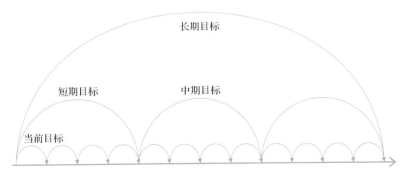

图 9-7　目标的嵌套结构（当前、短期、中期、长期）

资料来源：根据塞巴斯蒂安·德特丁的图示重绘。

我们认为，学习的最佳路径不是循序渐进地达成一个个小目标，最终达成长期目标。我们建议的学习路径是，你先进行较大的循环，走到长期目标之处（比如复制知识大纲），再返回来进行小循环（攻克难点与疑点）。在学习过程中，你要多次做这样大循环与小循环的结合，即先走近看到目标，再回来一步步走。我们在大圈与小圈的交替中，最终达成学习的目标。

如前所述，如何处理循环体现了每个学习方法的特点。穿透学习法的特点既是多次循环与快速循环，又是大循环与小循环的结合。让我们再回顾一下第三章的费曼空白笔记本方法，当时是三步做：第一，整理知识大纲；第二，把大纲条目作为各章节标题写到各页；第三，用答案将笔记本填满。最初制作空白笔记本是划大圈，之后用答案将笔记本填满则是划小圈。费曼空白笔记本是划大圈，用讲给别人听的方式强化对知识点的理解这个所谓费曼技巧则是划小圈。

我们再具体看如何划小圈。乔希·维茨金重新解读了《禅与摩托车维修艺术》主人公斐德洛的一个故事，我们可将这个故事称作"斐德洛的砖"：⊖

> 当他叫一个学修辞学的学生就她所居住的小镇写一个 500 字的故事时，这个学生根本理不出头绪，她一个字都写不出来。这个镇似乎实在太小了——有什么可写的呢？

⊖ 资料来源：维茨金 . 学习之道［M］. 苏鸿雁，谢京秀，译 . 北京：中国青年出版社，2011.

斐德洛对这个作业进行了一点修改，以帮助这个女生解放她的思维。这次，他让这个女生写的是教室外面那个剧院的前台，这个教室就位于这个镇里的马路上。她要从左上方的那块砖开始写。

一开始，这个学生简直不敢相信（这样的作业要求），但后来变得文思泉涌，停都停不下来。第二天她来上课的时候带来了长达 20 多页的故事。

在学习时，我们可以借鉴乔希·维茨金的建议："每天都要学得更深一点而不是更广一点。"做到更深一点的一个好方式是盯住"斐德洛的砖"这样的具体场景或知识点划小圈。穿透学习法中的多种方法可视为划小圈在不同学习场景中的应用，比如聚焦钻研较小的点，用冲刺读书法放慢输入的速度，用讲和写输出来放慢思维的速度等。

本章要点

- 问题的价值远远大于答案。批判性思维可以帮你发现问题。每次当你面对一个答案或观点时，可以逐一分析《学会提问》建议的 11 个要素：①论题；②结论；③理由；④词义；⑤假设；⑥论证；⑦证据；⑧替代原因；⑨数据；⑩是否遗漏信息；⑪是否有其他结论。
- 提问可分为四个阶段：发现问题、定义问题、解答过程、回答。现在，我们处在一个问题的价值远远大于答案价值的时代，要持续磨砺自己发现问题的能力。一个实用的策略是使用排除法发现真正的问题，你可使用 AI 来协助自己。

「 **现在就行动吧！** 」

- 拿出一本书，用批判性思维的 11 个要素分析书中的某个论证。然后，你转换角色，用自己的思路重讲一遍这个论证，并逐一对照检查这些要素，让自己的讲述无懈可击。
- 针对你正在学习的主题，列出 10 个问题。请用排除法分析，哪个是真正的问题。

{ 附录 9A }

向 AI 提问的 8 个原则

ChatGPT 等基于大语言模型的聊天机器人开启了一场巨变。它们有一个简单的对话式界面，通过这个界面，我们可以向它提问（如"这是什么意思"），或者向它提出要求（如"帮我写邮件初稿""帮我按说明编写程序"）。一场"让知识触手可及"的新变革由此展开。

现在，人们已经找到一种方法，可以将几乎所有书面化的知识与能力压缩进模型，然后这些知识与能力可被调取使用。这给每个人带来的冲击是显而易见的：之前，我们依靠漫长的求学和实践，在知识与能力上获得某些独特优势；现在，所有人都可以直接向模型调取这些知识与能力，这意味着别人能轻松运用你自以为很独特的优势。如果别人轻松超越你的知识和技能，你该怎么办？

有时，AI 甚至能直接完成某些任务，而人被排除在任务之外。例如，AI 完全可以直接提取数据、查阅资料、进行分析，生成带有数据分析和建议的报告给我们，中间无须我们的介入。如果你的工作可以由机器人直接完成，你该怎么办？

面对这样的巨变，我们应该严阵以待，不能以为 AI 仅是聊天机器人，也不能因为一时恐惧而拒绝面对。回顾每一次曾经对人的工作和生活产生巨大影响的技术浪潮，比如个人电脑、互联网、移动互联网，我们会发现，有效的应对之道是，理解它的原理与影响，了解它带来的新能力，更为重要的是，尽早尝试使用它，尽快熟练运用它。

幸运的是，使用生成式 AI 有一条捷径：它有一个统一的运用方式。我们向模型给出所谓的提示语（prompt），即向它提出问题、给出任务，它会理解我们的意图，并用新生成的文字、图片、音视频等即时回应我们。聚焦大语言模型这类 AI 模型，我们梳理出 8 个向 AI 提问的原则如下：

- 原则一：理解"生成的本质"是模式预测。
- 原则二：警惕"幻觉"，始终做事实核查。
- 原则三：提问采用结构化提示语。
- 原则四：模型能从提示语中直接学习。
- 原则五：让模型进行"链式思考"，采用慢思考模式。
- 原则六：将复杂的任务分解成更简单的子任务。
- 原则七：用模型能理解的格式输入信息。
- 原则八：坐稳主驾驶位，与机器共舞。

在了解这些原则前，你还应该知道有一个技巧：在学习和使用生成式 AI 时，你有任何疑问都可以直接向 AI 提问，它会给你即时的、有针对性的回答。如果你有任何使用方面的疑问，记得向它请教。

原则一：理解"生成的本质"是模式预测

通过聊天机器人与我们对答如流的 AI 模型真的会说话和写作吗？能按文字描述绘制出图的 AI 模型，是否真的拥有如同达·芬奇绘制蒙娜丽莎的技艺？它又为何能"拍摄"出想象中的照片？只有理解了生成的本质，我们才能用好这一新技术，而不至于误用它。

生成的本质是模式预测，这就是为什么有人说大语言模型是"下一个词预测器"。帕姆・贝克（Pam Baker）在《ChatGPT 超入门》中说："ChatGPT 不像人类那样思考，它是基于已学习到的模式进行预测，然后根据所预测到的偏好和单词顺序，组织成一句句话进行回答。"

这也是为什么它看起来有语言表达能力，代码编写能力，掌握某些知识与信息，具有推理能力等。当它预测的词句形成连贯、有条理的意思时，我们认为它掌握了这些能力，但实际上它仅仅在做预测。当然换个视角你可以这么看：我们在说话和交谈时，或者我在写这篇文章时，我们所做的也是根据自己学到的模式进行"预测"而已。

当我们明白 AI 模型只是在做预测，就能避开以下两个陷阱：

第一是"轻信"。我们容易轻信语句通顺、格式正确的话，就像容易相信穿着考究的骗子。但形式是形式，内容是内容。知道模型仅是在做预测时，就可以大幅减少轻信。

第二是"轻视"。生成式 AI 模型生成的内容很容易出现错漏。下面用图像来形象地说明这个问题。一年前，AI 生成的图片像拙劣的画笔乱涂乱抹的；一年后，它已经能模仿艺术家的绘画和摄影师的照片。虽然进步很快，但是错漏和不合理仍是难免的，我们看到过很多 AI 生成的漂亮但有错误的画面。当大语言模型完全出错时，它会胡说八道。这些错漏会让我们轻视 AI 模型。

了解到它仅是在预测，同时它的预测能力在快速进化，我们会改变轻视的心态，并按照它当前的能力水平去尝试着利用它。

了解生成的本质是学习模式并做出预测，我们就不会把生成式 AI 和搜索引擎混淆。简单地说，搜索引擎是根据你的关键词检索互联网上已经存在的文本和链接，而生成式 AI 是通过模式预测，根据你的提示语生成新的内容。它们之间不是替代关系，而是互补关系。

原则二：警惕"幻觉"，始终做事实核查

AI 模型会出现"幻觉"。它以为给了你正确答案，对此信心满满，但实际上它的答案是错的，这时我们说 AI 模型出现了"幻觉"。这是为什么人们说 AI 会胡说八道。

那么，AI 模型的研究者、开发者能否彻底消除幻觉呢？帕姆·贝克认为："它能生成回答的能力，这也正是导致其不可靠的原因。为了让人类或机器想象出不存在的事物，如小说或电影中的虚构世界，我们必须先解放它们，即让它们摆脱现实规则的限制。"

简言之，如果我们希望 AI 具备生成能力，就必须容忍它可能产生幻觉。我们只能尽量压制它出现幻觉，但无法彻底消除。

从技术角度来看，大语言模型在做下一个词的预测时，会根据所谓温度参数来选词：温度值低时，从较相关的词中选择；温度值

高时，则扩展到更多可能的词。ChatGPT 聊天机器人选用了相对较高的温度值（据猜测是 0.7），这让它的回答不会显得过于呆板。但如果希望回答更贴近原始材料，我们可选择将温度值降到接近于 0。

我们必须对 AI 的回答进行严格的事实核查。我们应该将这句警告贴在每一台使用 AI 聊天机器人的设备旁边。

> 警告：始终对它生成的内容进行事实核查。

我经常用一个例子来试探各种生成式 AI 模型的能力。我会提问：请解释杜甫的"窗前明月光"。能力较弱的模型会被误导而出现幻觉，它会跟着说，这是杜甫的诗，而不会一眼看出作者应是李白，也看不出正确的诗句应为"床前明月光"。

这个例子也直观地展示了生成式 AI 与搜索的不同。这也是为什么我们同时需要两者：生成式 AI 用于解释，搜索引擎协助进行事实核查。

我们认为，我们比过去更需要批判性思维，因为我们要用它对生成式 AI 给出的建议进行质询。按批判性思维指南《学习提问》一书的建议，对 AI 的回答我们可以这样质询：论题和结论是什么？理由是什么？哪些词语意思不明确？假设是什么？论证有没有谬误？证据是否有效？有没有其他可能性？

原则三：提问采用结构化提示语

刚开始使用 ChatGPT 等聊天机器人时，我们经常进行朴素的提问："什么是相对论？""给我解释下深度学习。"但我们会很快意识到，我们在向一台庞大的机器提问，一方面我们应该遵循基本的提问技巧，另一方面我们的提问应该符合这台机器的格式。

当我们向人请教问题时，我们需要选择向正确的人提问，提供必要的背景信息，明确提出具体的问题，并尽量说明期待的回答方式。向机器提问时，这四个基础技巧同样适用。但机器与人又不完全相同：机器掌握了很多知识与信息，但它不知道此时的背景是什么，也不会向我们询问更多的信息（如"你说的这个是什么意思"），更不会重述问题以便更好地回答（如"你的问题是不是……"）。

AI 应用开发工程师很早就开始总结向 AI 提问的结构化框架。其中，由埃尔维斯·萨拉维亚（Elvis Saravia）等人总结的框架被广泛接纳。这个框架指出，提示语应按顺序包括四个部分：指令（Instruction）、上下文（Context）、输入数据（Input Data）、输出要求（Output Indicator）。我们总是记不住这个框架的顺序，因此，我们为这个框架创建了一个首字母缩写的名称 ICDO，如图 9-8 所示。当你向 AI 给出提示语后，它回应说："I see. Do!"（我明白了，做吧！）

我们对每个部分做了进一步的细化：指令部分应包括角色设定、任务目标、指令规则；上下文部分包括知识与技能、完成任务的步骤、样例；输入数据部分不做进一步拆分；输出要求部分包括输出规则、输出格式样例、输出指示符。

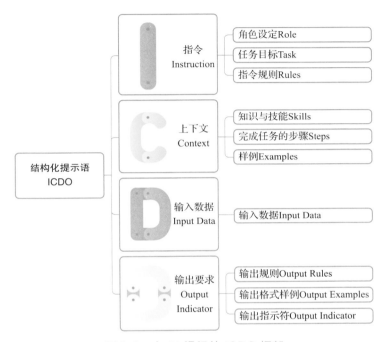

图 9-8　向 AI 提问的 ICDO 框架

在使用结构化提示语前，我们让 AI 帮忙翻译的提问可能是："请帮我翻译：……（待翻译的英文）"之后，我们的翻译提问就变为："你是一个人工智能专业人士，你的任务是将英文翻译为中文。翻译时请参考如下词汇表：……（词汇表略）。要翻译的段落是：（略）。翻译是：……"

在这个提示语中，界定角色能更好地调动 AI 相应的知识与能力。这种做法很容易直观地理解为：模型是用大量的质量参差不齐的资料训练而来的，当我们赋予它一个领域专业人士的角色时，会触发算法去调用资料中质量较高的部分。

在开头明确任务，在最后重复任务，让模型能更好地遵循我们的指令。2023 年 6 月，斯坦福大学的研究者发表了一篇论文《迷失在中间：语言模型如何使用长上下文》，它用严谨的实验证明了这一点：AI 擅长利用开头和结尾的信息，而对处于中间部分的信息处理得较差。

一般来说，我们在向 AI 提问时，应该假设它对任务一无所知，要尽量逻辑清晰、全面地说明要求。应用结构化提示语 ICDO 框架的目的是让我们能更好地做到这一点。接下来的几个原则（原则四、五、六、七）将进一步解释这个框架。

原则四：模型能从提示语中直接学习

AI 模型掌握了很多知识，但也有很多知识未掌握。比如，截至 2023 年 9 月，OpenAI 模型的信息是 2021 年 9 月之前的，其他模型也有各自的截止时间，但总的来说，它们并不掌握最新的知识。AI 模型也不掌握我们所要求的特定的知识，比如你公司的私有知识库。另外，它可能掌握了一个知识的多种形式，但不知道你希望采用哪一种。

这时，我们可以用原则四来向 AI 提问：模型能从提示语中直接学习，因此我们可以在提示语中给它新知识。这个技巧也叫"少样本提示"，它是大语言模型发展过程中的一个重要里程碑。2020 年 5 月，GPT-3 模型发布时，它对应的论文题目是《语言模型是少样本学习器》，这意味着模型能通过我们在提示语中给的数个样本来学习新知识。除了样本，我们还可以在上下文中提供知识，让模型学习并立即运用。

提供上下文知识、样例和期望的输出格式样例，我们就能让生成式 AI 更精准地回答问题。你会发现它很聪明，一教就会。比如，你请它帮忙拟回复邮件，只要给它三个邮件样例，它就能很好地模仿你的表达风格。

例如，我们希望 AI 用一个特定的知识框架分析问题，我们可以在上下文部分描述这个方法论。假设我们分析企业时用的是一个改造版的波特五力分析模型，以适应数字经济时代的产业特征，你会发现，当你在提示语中将方法论告诉 AI 模型后，它可以学会并使用这个方法论。即便 AI 模型已掌握某些知识，在提问时重述一遍方法论，你这样做仍可以让模型回答得更好。

当然，所谓的上下学习（In-Context Learning，ICL）并不像这里说的这么简单。例如，我们希望生成式 AI 根据我们给的例子，快速地分辨电商平台上的用户评论是正面的还是负面的。但如果我们给了三个例子，分别是正面的、正面的、负面的，这会带来很差的学习结果，模型会倾向于将 2/3 的评论判断为正面的，1/3 为负面的。这是模型从你给定的样本中学到的。因此，如何有效地提供示例以正确地引导模型进行回答是需要技巧的，这是研究者正在重点研究的方向之一。

另外，并不是给的例子越详尽越好。2023 年 6 月，谷歌等机构的研究人员的一篇论文的题目——《大语言模型会很容易被不相干的上下文误导》直接说明了他们的研究结果。例子过长或相关性过低都可能会误导 AI 模型，使其无法有效回答问题。

原则五：让模型进行"链式思考"并采用慢思考模式

面对一道需要相对复杂推理的题目，我们人类可以凭直觉回答，也可以慢下来一步一步思考。在《思考，快与慢》中，认知学家尼尔·卡尼曼这样说明：系统 1 的运行是无意识且快速的，而系统 2 将注意力转移到需要费脑力的大脑活动上来，例如复杂的运算。

生成式 AI 模型的数学推理能力一直是它的短板。比如，它甚至连简单的小学数学题都可能做错，带点脑筋急转弯的题目更会让它迷惑，从而给出错误答案。可能的原因是，它在用省计算资源的"系统 1"回答。人们很快找到了提高其能力的技巧，就是让它的思考从所谓的"系统 1"调整到"系统 2"。

2022 年 1 月，谷歌的研究人员在论文中证明了"链式思考（Chain of Thought，CoT）提示语能让大语言模型进行推理"。链式思考的思路是指导模型一步一步解决问题。

以谷歌论文中的例子来解释。在给了一个示例之后，我们要求模型解数学题。注意其中的关键点是，我们在例子中直接给出了答案，因此模型也会直接给出答案。

> Q：罗杰有 5 个网球，他又买了 2 罐网球，每罐有 3 个网球，现在他有多少个网球？

A：答案是 11 个。

Q：食堂有 23 个苹果，如果用 20 个来做午餐，然后又买了 6 个，那么现在有多少个苹果？

我们将这个问题直接提交给几种 AI 模型，得到的回答都是"答案是 27 个"，但这是错的答案。

只需略微调整示例，就能得到正确回答。在示例中向 AI 展示应该一步一步做，比如像这样："罗杰开始时有 5 个网球，2 罐网球一共是 6 个网球（每罐 3 个），5+6=11。所以答案是 11 个。"AI 的回答则会相应地变为："食堂原来有 23 个苹果，用 20 个来做午餐，所以剩下 23-20=3 个。后来又买了 6 个苹果，所以现在有 3+6=9 个。答案是 9 个。"当 AI 放慢思考速度之后，答案就对了。

实际上，对简单的问题，我们不需要向 AI 展示如何一步一步做，只要给一个"神奇"的提示词，它就会进入"链式思考"的慢思考状态："让我们一步一步想。"

OpenAI 给应用开发者的指南文档"提问最佳实践"重点强调了这一技巧。它建议，你要给 AI 模型时间去思考。它用了一个具体的场景来说明，比如我们的任务是判断一个学生解题是否正确，在让 AI 模型匆忙得出结论之前，指示它先自己找到题目的答案，然后再判断学生解题是否正确。

又如，让 AI 模型做内心独白（Inner Monologue），即将它的分析和推理过程写下来。然后，作为应用开发者，我们会将独白隐藏起来，只把答案给最终用户。这就像教师要求学生做题时必须写草稿，但只提交最终答卷。

总之，向 AI 提问时，要求它一步一步慢思考，让它把推理过程写下来，这能极大提高答案的正确性。

原则六：将复杂的任务分解成更简单的子任务

这个原则借鉴了 OpenAI 的"提问最佳实践"，但这里我们从普通使用者的角度为你解释。

完成大型任务的重要方式是分工，总工程师拆解任务给各小组，组长进一步拆解任务分工到人。当我们让 AI 帮忙完成一项较复杂的任务时，你作为"总工程师"将之拆解为一系列任务，逐个让 AI 执行，会得到更好的结果。

在使用对话式聊天机器人时，拆解任务和逐个提问是自然而然的做法。我们将任务拆解成一个问题列表，然后逐个提问。

要求 AI 一次完成复杂任务时，你也可以将拆解方法先告诉它。比如，它的任务是对客户问题进行回答，我们预先告知它，你要处理的客户问题的主要类别为账单、技术支持、账户管理、其他常规提问，而每个类别又细分为子类别。这样，在接收到客户问题时，AI 会先按要求进行任务分类，再尝试回答。

在使用生成式 AI 时，我们可以有两种做法。第一，自行拆分任务到较为具体的要点，再向 AI 提问。问题越具体，回答越符合期待。问题的规模小，我们也容易对答案进行事实核查。第二，在提示语的上下文部分附上完成任务的步骤，让 AI 按照这些步骤做，得到的回答会更好。让 AI 按照你给的步骤执行，这样做还有一个好处：你可以持续迭代这些步骤，每次让 AI 按新步骤执行，你将能得到比前一次更好的。

原则七：用模型能理解的格式输入信息

在用结构化提示语提问时，我们输入的信息开始变得较长，采用一个便于 AI 理解的格式就变得很重要。比方说，很多 AI 聊天机器人的确能理解从文档中复制的那些格式混乱的表格数据，但若能输入 CSV 格式的数据或 Markdown 格式的表格，它将能更好地理解表格数据。你还可以分步操作，先让它将无格式表格数据转化成带格式的，再用这些带格式的数据进行提问。

我们可以参考以下做法，让 AI 更容易理解你输入的信息：

- 长段的文本用特殊的分隔符分开。比如，当我们要输入几段文章时，可以前后用三个英文引号（如 """ 段落 """）将段落包含起来，让模型知道这是输入的长段文本。又如，输入程序代码时，前后用三个英文反引号（``` 程序代码 ```）将程序代码包含起来。
- 如果要强调句子中的某些信息，可以像写文章一样，用引号（""）将关键词凸显出来，这会让模型注意到。我会直接在需要强调的词或句子后加括号标注（这很重要）。

- 采用结构化的标识与格式。比如，你在提示语里直接标明序号，如第一部分、第二部分、第三部分、第四部分；每个部分的子项又进一步编号，如 1.1，1.2，1.3 等。如果你提供了多个样本，可以给这些样本加上编号，用分行而非句号来分隔不同样本。

在生成式 AI 出现之后，有人认为，我们与计算机系统打交道不再需要用编程语言，用自然语言来对话就可以了。但你很快会发现，如果你写的提示语像程序一样结构清晰、简洁，遵循某些编程原则，如 DRY（Don't Repeat Yourself）原则，即"不要重复自己"，你将得到更好的回答。

原则八：坐稳主驾驶位，与机器共舞

生成式 AI 出现之后，人们的一个担忧是：我的工作会不会被机器取代？越体会到 AI 模型强大能力的人越感到担心。

在《星际迷航》中，博格人说："抵抗是徒劳的。"帕姆·贝克写道："AI 快速进步并被广泛应用，这是无法避免的事。你如何看并不重要，它们必将继续存在下去。"我与帕姆·贝克在这个问题上的观点高度一致，即没有必要担心所谓统治人类的冷酷的"机器霸主"出现，它们只存在于科幻小说中，在可见的未来都不会发生。简言之，AI 的能力会变得越来越强大，但我们没必要恐惧不会发生的事情。

面对剧变，我们应如何应对？对于个体而言，答案很直接：如果某些工作 AI 能做得比我们更好、效率更高，我们应做的是通过向

AI 提问并让它来完成，而不是继续自己做。这意味着，一方面，我们要掌握高超的技巧，以发掘 AI 的最大潜力；另一方面，我们应选择去做那些更有创造性、挑战性也更有成就感的事情。

我们要深入思考这个最后的原则——"坐稳主驾驶位，与机器共舞"。"副驾驶"越来越强大，这对我们是好事，但我们也要意识到四项重大责任依然在我们肩上：

（1）追问目标。当你提问或提出要求时，你要达成的目标是什么？现在可以借助 AI 追求更高、更难、更创新的目标。

（2）学会提问。你需要掌握向 AI 提问的技巧，以得到优质的回答。你总是需要多问一下自己：如果改变一下提问方法，会不会得到更好的回答？

（3）直觉判断力、理性判别力与鉴赏力。你要能判断答案是对还是错；你更要有鉴赏力，知道什么是优质的答案，或者哪些答案具有启发性。

（4）承担责任。当你将 AI 的回答应用于现实世界时，获得收益或遭受损失的都是你，而非 AI。

PART 4

编写个人知识指南以提升认知

用吸附框架构建你的认知体系

附录

穿透学习法青少版

第四部分

用穿透建立你的
学习系统

第十章

编写个人知识指南以提升认知

如何为学习画上一个完美的句号？你也可这样问：在完成一次主题学习后，如何让自己觉得"我的认知有了大幅提升"？

你肯定有过这样的体验：在一次学习的最后，将所学的写下来，能让你对自己的水平信心大增。在学习中，我们经历过各种形式的"写下来"：参加标准化的考试，期末被要求交课程报告，在工作完成后写一份总结报告，读一本书后写书评，将自己学到的写成文章在网上分享……经验已经告诉了我们答案：写下来。

本章给你的建议是一种具体的、可照着做的写下来的方法。当你完成一个主题学习后，编写一份关于这一主题的个人知识指南（Personal Knowledge Guide）。你总结梳理自己学到的，用大纲与列表的形式将它们写下来。你写下的将是你独有的关于这一主题的知识指南。

个人知识指南在穿透学习法中的角色

你可能会想，穿透学习法已经让我写下太多不同形式的东西了，个人知识指南与之前说的大纲、详细大纲、入门教程等又有什么不同？我们将在学习中要写下来的各种主要形式放在一张图中让你更方便地查看，如图 10-1 所示。

学习一个主题领域时，我们聚焦它的知识体系。在学习的开始，我们复制一个知识大纲。采用费曼空白笔记本方法，我们将知识大纲放到空白笔记本中并不断填充。我们不断充实这个大纲，将自己的摘录、笔记等纳入其中，形成一个详细大纲。个人知识指南是详细大纲的升级版，它是我们完成一次主题学习时的知识体系的全记录。

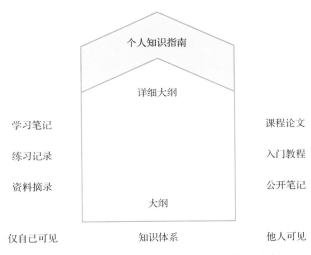

图 10-1　学习时我们写下来的各种主要形式

图 10-1 中的中间部分是大纲、详细大纲、个人知识指南，两侧则是我们写下来的仅自己可见与他人可见的各种内容。

仅自己可见的部分包括资料摘录、练习记录、学习笔记等。我们可以用各种形式来写，其中特别的形式包括将一本书转化为 PPT 形式、自己重新绘制的图示、自己新编的课本与讲义等。

他人可见的部分包括公开分享的笔记、编写的入门教程、被要求写的课程论文等。如果你的学习不是在课堂而是在其他场景中，你的"作业"也可能是实践报告、工作汇报等。如果你在一个领域继续探索，你写下的还有正式发表的文章、业界传阅的小册子、正式演讲、学术论文、专著等。

你可能会问：个人知识指南是不是相当于课程论文呢？

课程论文对应的英文单词是"essay"。在中小学、大学和研究生课程中，老师都会布置任务让学生写一篇关于某主题的较短文章。在中小学，它常被称为作文，而在大学则常被称为课程论文。我们将自己学到的写成文章发布在网上，这样的网络文章也被称作"essay"（散文，但与文学散文并不一样）。它们的含义各有不同，但总体而言，撰写这类文章要求我们对主题进行深入探索，并用词准确、条理清晰地写作，以传递我们的见解。

编写个人知识指南时，你已经对主题有了深入的理解，这时所做的是将理解有条理地写下来。这么看，它的确与课程论文有相似之处。不过，我们建议你选择用不一样的写作形式：不是写文章，而是写重点鲜明的大纲与列表。它在多个方面与课程论文有所不同：

（1）课程论文聚焦单一问题，对该问题，你要做出自己的独特回答。个人知识指南则有点像论文综述，为了深化自己的认识，你将在这个主题领域学到的知识全面地梳理出来。写个人知识指南是为了呈现我们在一个主题领域形成的知识体系。

（2）课程论文要求你写一篇文章，即由句子和段落组成的正式文章。对个人知识指南，为了快速完成编写、加快学习的循环，我们建议你采用大纲和列表的形式。大纲与列表更容易快速列出来，这种形式与我们的学习目的更匹配。

（3）课程论文通常没有明确的目标读者，尽管老师会阅读它，但我们并非假设老师是它的目标读者。个人知识指南则有明确的目标读者假设，一般来说你自己就是它的目标读者。

当然，课程论文的写作技巧对编写个人知识指南很有价值，稍后我们也会看看如何借鉴它。

编写个人知识指南是在详细大纲的基础上再往前进一步。随着学习的深入，我们在最初的大纲上积累了大量的知识、信息和个人心得，要做的是对其进行梳理，将其变成一个更有条理的层级式大纲。它应当附有要点，内容详略得当。形象地看，个人知识指南像一个金字塔，如图 10-2 所示。

我们应确保别人能看得懂我们的个人知识指南，并按这个要求进一步编辑详细大纲。对比而言，别人常常不容易看懂我们的笔记。让别人看懂很重要，否则我们就无法请他人来就此为我们提供意见与建议。

图 10-2 个人知识指南的金字塔结构

你可能会发现，虽然我们在图 10-1 中将详细大纲标了出来，但你找遍笔记本也找不到这个详细大纲，它仅以模糊的形式散落在各处。编写个人知识指南，我们要做的是将这一隐性知识变成显性知识，将隐性知识变为显性知识是各种知识管理方法的核心理念。

学习一个主题，我们从复制一个已有的知识体系开始。我们带着这个层级式知识大纲一路学习。个人知识指南是我们学习完成时的知识体系，它是一个更准确、更完备的层级式大纲，并且它的表述更清晰，让别人能轻松看懂。

虽然说个人知识指南是详细大纲的升级版，但编写个人知识指南并不仅仅是简单地整理笔记。我们要像写文章一样认真地写。当你认真写时，会发现知识点连缀成了较大的块，新的想法在写的过程中出现，你的认识也会在写的过程中得到深化。日本作家松浦弥太郎曾说："'书写'也就是'思考'。……抓住自己脑中漂浮不定的、非常凭感觉的想法，将其一一化为言语……把你抓到的思绪化为言语、写成文章，会看见更多东西。"

在一次主题学习的最后阶段，你应专注地投入几个小时或几天来编写个人知识指南，将你的所学、所做、所思都记录到其中。这是你在一个主题学习中投入与产出比最高的时段。当然，你应按照自己的需要灵活安排何时做这个任务。假设你学习的直接目标是通过考试，那显然它应该在考试前做。

过了一段时间，你可能会自问：我凭什么认为自己学透了这个主题？你写下的个人知识指南就是明证。

个人知识指南的一些参考示例

投资家、桥水基金创始人瑞·达利欧的《原则》是近年来的全球超级畅销书。他说，他一生中学到的最重要的东西是"以原则为基础的生活方式"。在书中他列举了 500 多条生活与工作原则。这些原则的主体部分（也称为"原则清单"）在该书出版之前已经以 PDF 电子文档的形式在华尔街流传，也有人将其翻译成中文供大家学习。正式出版的《原则》是在那个文档的基础上增加了一些故事写成的。早先流传的"原则清单"可看成达利欧的多个个人知识指南的大合集，《原则》这本书则可视为一个终极版的个人知识指南，如图 10-3 所示。

图 10-3 《原则》可视为终极版的个人知识指南

让我们摘录《原则》一书的片段来看一看，下文摘自该书第二部分"生活原则"。[⊖]从中我们可得到的一个小启示是，列层级式大纲时要尽量详尽，过于简略的大纲是无法应用的。

1.10 从更高的层次俯视机器

（1）把自己想象成一部在大机器里运转的小机器，并明白你有能力改变你的机器以实现更好的结果。

（2）通过比较你实现的结果和你的目标，你就能确定如何改进你的机器。

（3）区别作为机器设计者的你和作为机器中工作者的你。

⊖ 资料来源：达利欧.原则［M］.刘波，綦相，译.北京：中信出版社，2018.

（4）大多数人犯下的最大错误是不客观地看待自己以及其他人，这导致他们一次次地栽在自己或其他人的弱点上。

（5）成功的人能超越自身，客观看待事物，并管理事物以塑造改变。

（6）在你不擅长的领域请教其他擅长的人，这是一个你无论如何都应该培养的出色技能。这将帮助你建立起安全护栏，避免自己做错事。

（7）因为客观看待自身很困难，所以你需要依赖其他人的意见以及全部证据。

（8）如果你的头脑足够开放、足够有决心，你几乎可以实现任何愿望。

我们也可以从其他人那里看到类似的列表。因《如何阅读一本书》而被大众知晓的哲学家、教育家莫提默·艾德勒在另一本同样具有实践性的书《如何听如何说》中展示了自己的例子。他讨论的是正式授课式场景，当我们正式讲内容给别人听时，应该将要讲的内容写下来。如何写讲稿的一端是仅提纲挈领地写下提纲或一些关键词，另一端则是将要讲的每一个字都写下来，写成"逐字稿"。逐字稿是用于口语表达的讲稿，但略加调整就可以变成完整的文章。

艾德勒的建议是写逐字稿，他称之为"详尽书稿式草稿"。但他又给了一种从逐字稿往另一端略退一点的做法，他称之为"大纲提要式"。他对格式进行了调整，将正式文稿转换为大纲格式：写下要讲的每一个字，但在纸上将它排版成大纲的形式。该书附录展示了艾德勒的一个大纲式的讲稿示例，我们摘录片段（为"人，其他动物——以及智能机器"小节的第 7 点中关于图灵测试讨论中的第四部分）如下，以具体地看到其形式[⊖]。

（四）人类与高级哺乳动物都具有两种先天禀赋。

（1）第一种禀赋可以被称为"程序化"（也可译为编程）。"程序"
　　这个词语是从计算机技术中借鉴过来的。

　　（a）程序化禀赋是指面对刺激，动物会做出确定的、预设的
　　　　反应。

　　（b）拥有非常精细的本能行为模式的昆虫，有这种先天禀赋
　　　　的程度非常高。

　　（c）相比昆虫，高等哺乳动物更少拥有这种本能行为模式。

　　（d）相比昆虫和高等哺乳动物，人类具有的这种先天禀赋最
　　　　少：从严格意义上说，人类没有本能。他们的先天程序
　　　　化禀赋，只有为数不多的脊髓反射和脑干反射。

（2）第二种先天禀赋是一种非确定性的能力或力量，取决于学习和
　　习惯的形成。在出生时，以及在通过学习和习惯的养成等途径
　　将其固化之前，这种先天禀赋是不确定的。也就是说，它们不
　　会倾向于产生某种类型的确定行为，而不是其他类型的行为。

　　（a）高等哺乳动物天生具备这种能力，而且能够学习，以及
　　　　养成习性。人们对宠物的训练就是最明显不过的证明。

　　（b）人类所拥有的这种先天禀赋程度最高：他们是优秀的学
　　　　习型动物，他们出生后的行为模式很大程度上源自这种

⊖　资料来源：艾德勒.如何听如何说：高效能沟通的逻辑与秘诀［M］.王
　　留成，译.北京：中信出版社，2020.

依赖学习和习惯养成的先天禀赋的决定性发展。

（c）因此，举例来说，人类的婴儿天生具有学习所有语言的能力，而且并不具体指向学哪种语言。人类也天生就有能力去思考所有可以思考的东西。

我们编写个人知识指南的方法可以说很大程度上基于艾德勒的做法，但进行了一些简化。你可以设想，你也像他一样，要用口头报告的形式向他人讲述你学到的所有知识，并用大纲形式写下来。但是，为了降低编写个人知识指南的难度与工作量，让我们能更快完成这项任务，我们可以这样做：列大纲时务必确保所呈现知识体系的完整性，但仅扩展重点条目，比如其中的非重点条目我们不扩展次级内容，又如有些方便查询到的非重点资料也不纳入大纲等。

[**实用小技巧**]　在正式文章与大纲提要之间做转换

正式文章由多个段落组成，而大纲提要是将各个段落的句子变成层级式大纲的条目。

阅读时，作者通常会将观点、推理、例证在一个紧凑的段落中表达出来，但有时我们怎么也抓不住结构，看不清作者在讲什么。这时你可以将书中的一段话录入电脑中，改为层级式大纲，结构马上变得一目了然。

写作时，你先写一个段落。然后，你可以将段落的每个句子都分开，将这些句子变成层级式大纲的条目。你仔细考虑句子之间的关系，调整顺序，然后再将它

> 们转回正式文章。
>
> 演讲时，你可以将讲稿写成层级式大纲，这便于你扫一眼就看清整体结构和接下来要讲的内容。分发讲稿时，再将层级式大纲转换成正式文章。

再来看一个例子。前两个例子我们主要关注局部，这个例子我们则主要看其整体结构。假设我当前有一个小的学习目标是优化课程论文的写作过程。加拿大心理学家乔丹·彼得森（Jordan Peterson）写了一个文档名为《课程论文写作指南》（*Essay Writing Guide*）。我们可以从两个方面学习它：一方面掌握它整体结构的亮点，另一方面借鉴它的具体写作建议。

值得一提的是，作为心理学家，彼得森重视书写对人的心理发展的作用，他开发了一种名叫"自我书写"（Self-authoring）的方法论，让参与者按照设定的问题和流程书写过去（写自己的经历）、书写现在（写自己的优点与缺点）、书写未来（写自己的梦想）。在学校中进行的实验证明，这种方法能提升学生的成绩。

让我们专注当前学习话题，即课程论文的写法。我们将这次学习看成一次小型的主题学习，我仔细阅读了彼得森的英文原文文档，并将其记录成一个多层级的列表，它可以视为这个小型学习的"个人知识指南"。为了聚焦并尽量展示他所建议的技巧，如下列表主要为这篇文章的翻译与摘录，而没有增补其他更多人的相关写作建议。

通过写作课程论文获得清晰思考的十步指南

(此为对乔丹·彼得森《课程论文写作指南》的意译与摘录，以下用"文章"指代他说的"essay"一词。)

第一部分：简介

- 写一篇文章的主要目的是，让作者（也就是你）能形成和组织一套关于重要事物的有见地且连贯的想法。

- 写作扩展了你的记忆，让你可以编辑你的思考，从而让思考变得清晰。一旦这些想法被写下来，你就可以逐字、逐句、逐段地移动和更改它们。

- 当你的思维是按口头语言组织时，它处于非常抽象的水平。而当你通过写作学会思考时，你将发展出有序、高效的思维，这种思维有坚实的基础和确定性。

- 关于技术的建议：用电脑写。最好使用两个屏幕，一个屏幕展示参考资料，另一个屏幕用于写作。

- 关于时间的使用：不要等待有大量的空闲时间后才开始。

- 特别提醒：完成胜过完美。交出一些东西，不管你认为它有多差。

第二部分：分辨率水平

- 一篇文章可以用多个不同水平的分辨率去看，它必须在所有分辨率中都是对的。

- 第一至第三个层次分别是：单词的选择、句子的构造、句子在段落中的排列。

- 第四个层次是，从文章的开头到结尾，所有段落都必须按照逻辑顺序排列。

- 第五个层次是，将文章作为一个整体看待。

- 文章之外还有两个层次，即读者（第六个层次）和读者所置身其中的文化（第七个层次）。

第三部分：主题和阅读清单

- 你的文章要回答的中心问题即主题问题（Topic Question）。

- 列出 10 个可能的主题问题并选择你的主题。

- 选择你的阅读清单。彼得森估计，每写一篇 1000 个单词的文章需要阅读 5 ～ 10 本书。

第四部分：大纲

- 写下你的写作目标以及字数要求（建议比预期结果多列 25%）。

- 编写大纲。这是写一篇文章最困难的部分，它不是可选项，你必须先写大纲。

- 一篇 1000 字的文章需要由 10 个句子组成的大纲。但是，不管文章多长，一级大纲都不应该超过 15 个句子。

- 草拟文章的介绍（这篇文章的目的是什么？它的结构是什么？）和结论部分。在你写文章的过程中，草拟的介绍和结论会在某个时刻被丢弃。

第五部分：段落

- 为每个大纲条目写 10 ～ 15 个句子。
- 将生成和编辑这两个主要步骤分开来：写完所有的初稿，然后再编辑。
- 生成的目的是生成（即写出来），编辑的功能是简化和组织句子，不要边写边编辑。

第六部分：段落内句子的编辑与排列

- 复制一个段落，将每个句子变成单独一行。
- 重写每一个句子。
- 检查每个段落的句子是否按最佳顺序排列。
- 删除不需要的句子。
- 用新的段落取代旧的段落。

第七部分：段落再排序

- 尝试重新对段落排序。
- 对应地调整大纲。

第八部分：重写大纲

- 现在你有了第一稿。你已经重写了你的句子，让它们的表达更优雅，并重新排列了这些句子以及段落。你可能认为你已经完成了文章，其实并没有。接下来这几步将把你能得"B"的文章变成得"A"。你这样做：
- 重读你的文章，然后关掉你的文章文档。
- 不看文章，试着用 10 ～ 15 个句子重写你的大纲。

- 你的记忆是一个过滤器，去除无用的东西，保留和重新组织重要的东西。
- 按照新的大纲，从第一稿中摘选材料，编写出新的文章。
- 不要害怕扔掉不必要的材料。你要摆脱不合格的东西，只留下必要的东西。

第九部分：重复

- 重复第六部分、第七部分和第八部分。
- 只有当你无法进一步编辑以改进文章时，才真正完成了这篇文章。

第十部分：参考文献和书目

- ……（本部分为参考文献的书写规范，从略）。

用 4 小时完成了这个主题学习，我收获很多。完成之后，我再切换视角看这个列表：摘录反映了我在重视什么（即什么是新的信息）；写文章先写主题问题、大纲，读书记下笔记，这些是已知信息；段落内句子再排序、重写大纲这两个部分是彼得所提供的新做法。我注意到，重写大纲的价值巨大，它可以将 B 级的文章提升到 A 级。

接下来，轮到你将自己的大纲、笔记、想法写出来了。之前你已经有了大纲，而你现在做的正是"重写大纲"。

编写个人知识指南的建议

个人知识指南是你对某个主题所学到知识的梳理。它是我们写给自己的总结：在这个问题上，这是我所学到的。同时，我们在写的过程中又进一步学习。通常来说，个人知识指南的主体应是知识点，而不是学习过程的记录，也不是个人学习感悟。另外，你可能会想：我还没有成为这个领域的高手，我怎么有资格做总结？恰恰相反，写个人知识指南是通往高手的路径之一。

最佳的写作时机是现在这一刻，而不是将来。你完成学习之时是写它的最佳时刻：你已经较为深入地理解了，但还没有失去新鲜感；你容易平实地记录，而不会也无法写得很高深。特别地，这个时候你会写下一些错误，无论当时发现或之后回看时发现，都为你提供了难得的学习机会。

用列表的形式写

编写个人知识指南时，建议采用层级式大纲，也就是采用列表的形式写。它一般分为三级：第一级是子主题，第二级是子主题的知识点，第三级是对知识点的具体讨论。你应当确保一、二、三级条目能够完整反映这个主题领域的知识体系。

用列表形式有助于我们对知识点进行快速梳理并整合成组块；组块能加深我们的理解，也让我们更容易回顾和应用学到的知识。我们可以这样做：仔细写出子主题下的知识点，让其逻辑更清晰，比如变成按时序的步骤或 N 个关键要素；对重要知识点用有序列表进行详细阐述，实际上让其在整个文档中变得更大。

每个列表条目都应该是完整的句子，而非几个词。通常每个条目由主题句和描述的语句组成。建议你避免用 PPT 软件或思维导图软件来编写个人知识指南。因为用它们编写时，你会倾向于只写词，而不写完整的句子；它们的图形化形式让你写出来的东西初看还不错，但这是假象。建议你用文档软件写，只有写下完整的句子，写出的东西看起来才是对的。

保持简单，不要重复"造轮子"

在写个人知识指南时，注意规避以下三个常见问题：

避免过多的引用。个人知识指南的主要性质是我们的私人笔记，我们不妨尽量多用自己的话把理解的写下来，避免过多引述，不必做到句句皆有出处。

不要重复"造轮子"。如果一个做法已经被广泛使用，我们应该摘录并记录在个人知识指南中。个人知识指南不强调独创性，我们不是在其中只记录自己独创的想法。写个人知识指南时，我们都会查些资料，这时我们经常发现，自己摸索出来以为独特的方法，多数已有前人做了总结。我们可以直接借鉴，避免自己重复"造轮子"。

尽量少讲故事。我们曾遇到一个人将个人知识指南理解为"口述自传"，他试图讲很多故事，那是一次失败的体验——我们找不到合适的方法把他的专业知识和实践经验有效地记录下来。干巴巴的形式更适合一份个人知识指南，它看起来更像宜家家具附带的安装说明书或者技术文档，或者操作指南。如果你实在想写故事，那么选择写一个较为完整的故事，而非用举例子的形式简单提及一些故事。请回想一下第八章中费曼与计算机的故事。

四种方法轻松写出初稿

为了获得个人知识指南的初稿，我们要采用各种方式先将它"写"出来：

第一种方式是直接写，将脑中的想法倒出来。你可考虑这样的写法：先在一张白纸上写下很多能想到的词，再用电脑以列表的形式一条条地将想法记录下来。从这些列表中整理出几个一级条目，然后写出它们的二级、三级条目，这样你就能飞快地将初稿写出来了。

第二种方式是用回答问题的方式写。有的人就是写不出来东西，他们坐在电脑前很长时间，但屏幕上仍一片空白。如果你遇到这种情况，可以尝试着请人帮忙来一起"写"——采用问答的方式来写。我们可以选择面对面问答，对方问了，我们总要立即回答。面对精心抛出的问题，我们的想法会很容易被问出来。这样可以直接对话，再整理对话录音；也可以使用聊天软件，用文字形式问答，直接得到文本形式的初稿。

现在，你可以用 AI 来协助你——让它提问，你回答。

第三种方式是用分享来写。当有分享机会时，即便觉得没准备好，建议你也努力争取做分享。比方说，如果在课堂中有学习汇报的安排，你要主动要求去做。分享的压力会促使你做总结梳理。我们将分享录音整理出来，就能得到一份不错的初稿。

第四种方式是讲一次课。如果有一次 45 分钟以上的讲课机会，借助它的推动，你就能完成一份较为完善的个人知识指南初稿。讲45 分钟意味着这是一个正式承诺，有着明确的内容要求和时间期限。我们会仔细思考和组织内容，准备课件并反复演练，这些都会推动我们对自己的知识进行梳理和总结。

持续迭代，保持疑问

一旦有了初稿，接下来要做的就相对简单了——反复修改。投入足够多的时间，我们总能改到满意。当然，我们要设定一个截止时间，在这个截止时间之前，我们必须完成这份个人知识指南的第 1 版！

我们不必追求完美，第 1 版并不是终点。我们可以像软件版本一样编号，它还有第 2 版、第 3 版……直到也许第 99 版，我们可以持续地迭代与修订。

对个人知识指南的持续修订还有一个特别的意义。在写个人知识指南时，我们努力确保写下的内容是对的。但当我们修订它时，我们又会带着质疑的眼光看它：它是不是错的？现在它还对吗？

每一份个人知识指南的结束都应该加上这样一句以提醒自己："我说的都是错的。"这是为了对抗我们经常容易掉进的一个认知陷阱：当我们将想法以看似逻辑清晰的方式表达出来后，我们会倾向于认为它是对的。要对抗这样的认知错误，你还可以参考后文介绍的麦哲伦的故事。

编写个人知识指南的六步

这里介绍一种编写个人知识指南的方法。

第一步：选定你的主题

- 重新审视你所学习的领域，再次划定边界。

- 选定主题词并写下标题：关于_____的完全指南。在空格处填入主题词。建议将你的个人知识指南命名为"关于 ×× 主题的完全指南"。

- 定义一个主题问题：_____？（例如：如何学透一个主题？）

- 写下一句话回答：_____。（你先写下一个尝试性的回答。例如：采用以知识体系来连接输入与输出、强调深度读与持续写、以输出促进理解的穿透学习法。）

- 工具与时间：选定编写的工具与形式，设定第 1 版的完成时间。

- 设定一个目标读者：可考虑选择你身边的一个朋友，想象你是在给他写信。

第二步：编写一级条目

- 列举可列入一级条目的要点。

- 建议从中选择 7 个作为一级条目。[⊖]

⊖ 一个关于条目数量的说明：最初设计个人知识指南时，我们推荐使用芭芭拉·明托（Barbara Minto）设计的麦肯锡金字塔中的"三原则"，即每个级别的条目最好为 3 个，建议是 3 ~ 5 个。但实践证明，"三原则"比较适合与他人沟通、让他人能够抓住要点，但自己梳理知识体系时，多条目才是较优选择，通常建议是 5 ~ 7 个。

- 为每个条目编写主题句和解释的话。
- 思考这些条目之间的关系，可用图示等方式表示，以便你能整体把握和记忆。

第三步：编写二级条目和三级条目

- 对每个一级条目，编写其二级条目。
- 编写三级条目（常为列举、步骤、示例、公式等），操作步骤采用有序列表形式。
- 第一遍：仅写每个条目的主题句，不写详细解释的话。
- 第二遍：根据需要，补充部分条目主题句后解释的话。
- 将三级条目折叠，调整一级条目和二级条目的顺序与关系。
- 从内容视角编辑各级条目，改进表达的准确性。

第四步：转换到目标读者视角进行编辑

- 调整一级条目和二级条目的顺序与关系，让受众易理解。
- 编辑一级条目和二级条目的用词与表达方式，让受众易理解。
- 从受众视角出发，增加必要的新条目。
- 精心编辑全部条目的文字表述。

第五步：评测条目

- 抽取部分一级条目或二级条目，尝试用费曼技巧为他人讲解。
- 提问以寻找遗漏：有什么重要的知识点没有被纳入？
- 提问以寻找更新：有什么知识点已经发生变化，但这里未同步更新？
- 提问以寻找错误：以自己当前的认识，什么条目有错误的可能？

- 提问以突出重点：什么内容是不言自明的，因而可以缩减或删除？什么内容应该放大、放大再放大？
- 重复第二步到第五步。

第六步：定稿与迭代

- 精简条目数量，精简各个条目的字数。
- 转换格式（如打印出来、转为 PDF 格式、转到手机上阅读等）以检查逻辑错误及文字错漏。
- 确定第一个正式版本，以有仪式感的方式发布（如发送给他人、打印出来等）。
- 之后，我们仍应持续迭代、编辑这份个人知识指南。

[**实用小技巧**] 持续编辑个人知识指南的技巧

你可以将一些写作技巧用于个人知识指南的迭代、编辑：

- 将它打印出来，用笔做修订。此时，你看它的视角会与在屏幕上看截然不同。
- 发布文档。这看似是完成的标志，却反而会促进你去修订它。
- 用你的文档做讲稿，做一次演讲。
- 将你的文档按不同的层次（问题与结论、大纲、单独段落等）给 AI，请它给出意见与建议。

总而言之，个人知识指南是穿透学习法的重要一环，没有它，我们的学习就无法形成闭环。如果你采用了本书的其他学习方法，却没有在一次主题学习的最后编写个人知识指南，那么你的学习收获将大大减少。

大师课：环球航行第一人麦哲伦——不要高估认知

有人经常说最重要的是"认知"，学习是为了提升认知。他们认为，有了正确的认知，或者再进一步，有了清晰的计划，就能把事做成。我不赞同这样的观点，但也不知道如何有力地反驳。我不赞同的理由是：认知与计划当然重要，如果我们要做的是已经有人做过的事，那么借鉴他的经验，我们就可以找到捷径；但是，如果我们要做的是从来没有人做过的事，那么在我们成功或失败之前，怎么判断自己认知和计划的对错呢？

我想通过一个对我影响非常大的故事，试着跟你说说，为何我们要重视认知，但又不应高估认知。知识体系比认知重要，在这个故事中，你将看到比知识体系和认知更重要的其他因素。

它是关于麦哲伦的故事。哥伦布发现了美洲"新大陆"，而麦哲伦是第一个完成环球航行的人。他从地球上的一点启航，环绕地球一圈，回到起点。从此，"地球是圆的"这一观念不再只是理论上的推测，而是真正有人亲身验证过了。从此，世人知道有这样一条航线可以环行地球一周。

我了解的麦哲伦进行人类首次环球航行的故事主要源自作家斯蒂

芬·茨威格（Stefan Zweig）的叙述。茨威格写的《麦哲伦传》是我最喜欢的书之一，每当遇到规模庞大、充满困难、周期漫长的工作时，我总会在工作间隙反复地读它。茨威格为我们讲述了做一件巨大的未知之事的复杂性，并给出了很多充满洞察的点评。

麦哲伦的人类第一次环球航行是这样计划的：他从欧洲出发，进入大西洋；之后，他想要经过一个海峡，通过这个海峡穿越美洲，进入太平洋。接着，他再从太平洋去亚洲，找到香料群岛（即东印度群岛），最后重返欧洲。

但是，当麦哲伦出发时，除了他相信的"地球是圆的"并可以航海绕一圈，他的其他认识几乎都是错的：他拿的地图是错的，他知道的数据是错的，他计算的航线是错的，他对时间和资源的估计也完全是错的。

在出发之前，麦哲伦当然也做了很多必要的准备：他曾经在印度和非洲服役；他离开祖国葡萄牙，获得了西班牙国王的赞助；他自身就是个老练的船长，还招募了很多有经验的船长和船员。但是，当他带领由五条船组成的般队进入大洋后，情况并未按照他的计划发展。

麦哲伦找不到探险家说的海峡。他自己也曾经计算出这个海峡的准确位置，但对这个海峡，他的认知错得离谱。有一次，他和船员们看到一片广阔的水面，以为这就是他们梦寐以求的海峡。但是，派去勘察的三条小船带来的是让人失望的消息：这不过是一条比较大的淡水河。

这时，麦哲伦其实已经绝望了。他必须承认，自己手上的地图与计划是完全不符合的，前人以为存在的海峡是错的，做环球航行的信息是错的，地图学家计算的路线是错的。但这个时候，麦哲伦必须把一切隐藏起来。茨威格点评说："不能让任何一个船长和船员发现，这个失望对他的信心造成了多么可怕的打击。"

麦哲伦的船队在寒冷的环境中找寻了九个多月。在航行的过程中，麦哲伦遭遇了团队的哗变，有些人在胜利在望时叛逃——在绝望时人什么都做得出来。另外，麦哲伦是葡萄牙人，但他带领的是西班牙国王的船队，不信任感始终在船队上空盘旋。茨威格说："一年的时间里，他一无所成、一无所见、一无所得。"

幸运的是，麦哲伦的船队在靠近南极的地方找到了那片后来被世人称为"麦哲伦海峡"的水域，穿越它，他们从大西洋进入太平洋。最终，麦哲伦"成功"了，完成了人类第一次环球航行。你可能已经注意到了，我给"成功"加上了引号。因为麦哲伦的船队的确完成了壮举，但在快找到他此次航行的主要目的地香料群岛前，麦哲伦莫名其妙地被菲律宾群岛上土著的毒箭射中，死了。

我很想说，人类第一次环球航行是认知和计划的产物；但事实是，行动和坚毅发挥的作用比认知还要大。在《麦哲伦传》中，茨威格写道："一切真正有创造性的事业要得以完成，都必须由创造者自己坚持不懈地去实现。"

茨威格还写道："只有一心一意献身于暂时的迷误，他（麦哲伦）才发现了颠扑不破的真理。"当我们出发去探索未知时，很多时候都是带着"暂时的迷误"的，在没有实现之前，我们都无法证实或证伪它。

当年，我在一个漫长的技术项目开发过程中反复地读《麦哲伦传》。当我把麦哲伦伟大的环球航行历程和自己正在做的事联系起来时，我反复琢磨，从中得到了非常多的启发。我们坚信方向是对的，但我担心，是不是有太多细节都是错的：我们拿的假想地图是不是也是错的？我们对那个项目的预测是不是错得离谱？在这个过程中，我反复读了几十遍《麦哲伦传》，一直到那一年年底出差期间，在酒店房间对着大海，我又完整地读了最后两遍。

麦哲伦的故事让我们看到，认为有了认知就可以达成目标，是过于简陋、与现实有很大偏差的假设。很多人以为，学习就是掌握已经被证实的知识。其实，学习是探索未知，越深入学习，我们越能看到更大的未知在面前。学透意味着穿越已知与未知的边界，直至知识的最前沿。

本章要点

- 我们可以将编写"个人知识指南"作为一次主题学习的总结。当进行一次主题学习时，我们从大纲开始，然后再编写详细大纲，最后我们编写"个人知识指南"作为自己在这个主题领域学习到的知识体系的全记录。编写个人知识指南是穿透学习法的重要一环，没有它，我们的学习就无法形成闭环。
- 关于如何编写个人知识指南，本章的建议有：①用列表的形式写；②保持简单，不要重复"造轮子"；③四种方法轻松写出初稿；④持续迭代，保持疑问。你可以参考"编写个人知识指南的六步"来实际尝试编写。

「现在就行动吧！」

- 你已经接近读完全书，现在请动手编写一个关于"穿透学习法"的个人知识指南。简化起见，建议你先这样做：写7个从本书中学到的新理念或新方法；同时，再写7个你认为行之有效的学习理念与方法。
- 你最近一年持续学习的一个主题是什么？就这个主题，按"编写个人知识指南的六步"编写一个关于它的完全指南。

第十一章

用吸附框架构建你的认知体系

我们自问：在自己数百次或大或小的主题学习体验中，什么是我们最宝贵的经验？

吸附。

当我们在一个主题领域建立了知识体系，即有了由树干与主枝组成的知识框架时，额外知识就有了可"附着"之处。

每一次主题学习的过程都是类似的。我们从有一个问题要解决开始，获得一些知识与信息，采纳一个知识大纲为己所用。我们继续学习掌握更多的知识与技能，在练习与实践中变得熟练，并尝试向外扩展学到更多。最后，只要有机会，我们尽量将所学到的教给他人。这样一轮一轮地循环下去，在这一主题领域中，我们学习得就会越来越深入。

在学习中，各种知识被知识大纲吸纳过来并附着其上。随着学习的推进，最初复制过来的知识大纲已经大变样了。我们对它做很多修正，在知识点之间创建新的连接，它就变成了我们自己特有的知识大纲。你也一定经历过这样的"吸附"体验：你注意到过去从来没意识到有关联的知识点，你唤醒了本以为已经遗忘的技能，你冒出了新的想法……

我们将这一学习过程命名为"吸附框架"，如图 11-1 所示。本章我们将探讨这一学习的思维模型，并告诉你如何用它建立学习系统。如何学习是一种实践智慧，而好的框架有助于更好地形成自己的实践智慧。

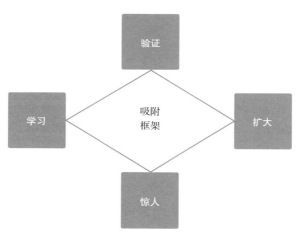

图 11-1　吸附框架：学习—验证—扩大—惊人

在本章，我们还会给出吸附框架中用到的七种技巧。其中不少在之前各章中已经有讨论，在这里，我们将它们放到一个新的"展示柜"中呈现给你。

吸附框架：学习—验证—扩大—惊人

如图 11-1 所示，吸附框架包括四个步骤：学习—验证—扩大—惊人。它适用于知识、工具、技能三种学习。学习过程中有小圈循环与大圈循环，让我们先来看小圈，再看大圈。

我们先看小圈。

学习，即狭义的学习。穿透学习法的建议是，先复制一个知识大纲，再采用深度复制五步、冲刺读书法等方法打好知识基础。

验证。在学习知识时，我们针对已经学过的知识点进行测验，以验证自己掌握的程度；在学习工具或技能时，我们通过在实际运用中了解自己的真实水平。验证之后，我们进入扩大阶段。

扩大，即进一步扩大并加深已验证的这一知识点。如果我们学习的是工具与技能，这一步则是持续练习，达到熟练，并实际应用。我们扩大了自己钻的那个"孔"。

惊人，即展示学习成果或实际应用取得的成效。这一步对应着费曼技巧中的为他人讲解。理想的情况下，你的学习成果会让他人感到吃惊。因此，尽管这一步的主要动作是展示成果，但我们从效果出发将其命名为惊人。

第四步"惊人"并不是结束，我们将一圈一圈地循环下去，直到全面掌握这个主题领域。

我们再看大圈——从整体视角看一次主题学习过程，我们将看到相似又略有不同的情景。在小圈循环中，我们看到的是自己在努力地"吸收"；而在大圈循环中，我们会更多地看到新信息主动"附着"而来。

学习。建立你在这个主题领域的知识体系，它如衣柜，其中有空格子，有你喜欢的衣服，也有不适合的衣服。

验证。你将自己学到的知识在实践中加以验证，保留被证明有效的知识，去掉无效的，并将一些方法改造成自己独特的方法。

扩大。你梳理自己学到的，将其中的重点部分扩大、深化。在穿透学习法中，编写个人知识指南即是扩大。

惊人。你尝试将自己的知识体系教给别人。你可以采取如下方法：赋予知识点鲜明的形象（如为知识点命名），添加充实的案例或吸引人的故事，为它绘制精彩的图表，练习用让人易理解的方式讲解等。

穿透学习法认为，一个主题学习是多次循环与快速循环的，在这些循环中，你用各种方法将外部的知识变成自己的知识，参见下文的列表。

「 **列表** 」 如何将外部的知识变成自己的知识

穿透学习法的各种方法和技巧都是为了帮你更好地将外部的知识变成自己的知识。综合起来，你可以采用如下方法（以 1 ~ 5 星来评价：1 星是程度较浅，5 星是程度较深）：

- 标记、摘录、做笔记、写摘要、复制大纲，为 1 星。

- 整理摘录与笔记，将知识点整理成列表，为 2 星。

- 重绘图示和图表，为 2 星。

- 完整应用费曼技巧，为他人讲解并弥补差距，为 3 星。

- 采用文档、PPT 等格式全面重制课本，增补新内容，为 3 星。

- 采用公开学习方法，在网上持续分享自己的学习笔记，为 3 星。

- 按照资料中的步骤，照着其中的实例实际去做，为 3 星。

- 根据自己的特定情况改造学到的方法，并将其书面化，为 3 星。

- 在一个主题领域编写个人知识指南，梳理总结自己所学到的知识，为 3 星。

- 将所学投入实践，获得成效，为 4 星。

- 将所学转化为自得的作品，为 4 星。

- 将所学转化为对他人有价值的产品，为 5 星。

- 将所学投入实际应用，获得优秀的成效，为 5 星。

- 做出被同行认可的知识贡献（新数据、纠正错误、新观点等），为 5 星。

吸附框架是本书前面各章方法的骨架。前面的方法是有血有肉的，而吸附框架则是拍 X 光片时看到的骨架。各种方法聚焦吸附框架的特定步骤，各有侧重。例如，深度复制五步、冲刺读书法聚焦学习；编写个人知识指南背后的主导思路是扩大，将学到的各个知识点、技能连接起来变成一个更大的整体。相对而言，本书方法的重点放在了学习与扩大上，而对验证（测验与实践）和惊人（如何打动他人和发挥作用）相对着墨较少。在实际学习过程中，后两者我们应投入至少同等的时间，但为了让本书不至于太厚，我们不得不有所取舍。

吸附框架中可用的 7 个实用技巧

我们来看看可以与吸附框架一起使用的一些技巧。

1. 用思维导图梳理和呈现

思维导图是一个用途多样的强大工具。其中，极简的思维导图通常包括中心主题、分支主题、子主题等，我们主要用它的层级式架构来梳理与呈现信息。如下是一些实用的建议：

- 用思维导图将知识点组织成层级式大纲，最多不超过四层。如果你发现它有了较多层级，可选择为子主题创建新的思维导图。
- 建议只使用极简的思维导图格式（由中心主题、分支主题、子主题组成），不采用其他图示形式。
- 拖动思维导图中的条目从而调整条目间的关系。因此，为了方便修改和迭代，我们建议用电脑而非纸笔制作思维导图。
- 可选择多种方式查看思维导图。例如，展开全部看到全部内容，只看一、二级条目以聚焦主要脉络，也可以折叠其他而只看某个分支主题。

在本书的学习方法中，思维导图可用于复制与迭代知识大纲，读书时做层级式摘录，编写个人知识指南时做思路梳理。

2. 写子弹式列表

在记录笔记和写作打草稿时，尽量多采用所谓的子弹式列表。现在列表随处可见，如笔记、报告、PPT、网络文章、邮件等，它是一种适合现代人的书写方式和表达方式。如上文讨论的，你可以方便地将列表和段落式文章中进行转换。

列表的优点是，写的人可以方便地整理思路，读的人能快速获取信息。写列表可以让我们更快地写下想法，也可以更方便地检查和修订。

列表可以分为无序列表（前面是项目符号，如圆点）和有序列表（前面是数字编号）。但我更喜欢将它分成如下三种：

- 简单清单列表，主要目的是更好地呈现清单。
- 解释性列表，由主题句和后续的解释组成。
- 多层级列表，分成多个层级。

多层级列表与前述思维导图可以相互替代，但又各有优缺点。思维导图可折叠查看，方便拖拽条目，形式上有图形化的感觉；用文字写的列表不方便拖拽条目，但不需要特定软件，可以用文本形式直接写和使用。

在本书的学习方法中，列表可用于知识大纲、快速记录和编写个人知识指南。

3. 运用"一页纸魔法"

A4 纸在学习中无处不在，如你自己打印的资料多半是用它，它也在逐渐取代装订成册的笔记本。这里，我们特意用"一页纸魔法"来指代巧用一页 A4 纸来辅助学习的方法。

它的核心思路是将所有内容呈现在一页 A4 纸上。"一页纸魔法"强调的是用一页 A4 纸完整地呈现内容，绝对不用第二页。你要压缩信息、调整格式，让所有信息能在一页纸中呈现出来。为了将内容压缩到一页，你可能会缩小字体，但无论如何都要确保纸上的字能轻松阅读。

这页纸上的内容要简单明了，快速浏览就能获取主要信息。因此，你应该确保它有大标题，将内容分成几个明确的部分，同时每个部分有小标题。将信息呈现在一页纸上时，思维导图、表格、列表、检查清单等形式优于段落式文章。

这页纸常扮演总控的角色。在你学习时，它就放在旁边，让你能更直观地看到全局与整体。你可以用笔在上面做标记、写短笔记、删掉某个条目、增加新条目，再将修改誊写到电脑里，标上如 V2（第 2 版）等，再次打印使用。

在本书的学习方法中，"一页纸魔法"可以直接用于知识大纲、冲刺学习法和冲刺读书法等，也可以用于学习的时间管理、进度管理。

4. 将知识点变成图示

图示与文字配合，能直观地展示流程、关系等，也更容易被记住。

在运用知识时，图示能以比文字更鲜明的意象留在我们的大脑中，适合展示单个知识点的具体细节。你可以这样做：

- 复制并重绘图示。在绘制图中的实体框、连接线、文字标注时，你会更深入地观察，这比仅看要深入得多。
- 调整与修改图示。重绘图示后，你可以接着修改它。比如：去掉与你无关的信息；按你的需求增加实体、修改文字标注；按你理解的逻辑全面重组各个实体。
- 绘制自己的图示。如果学习资料中某些信息改成图示后更容易理解，你不妨尝试自己绘制。自行绘制图示时，可不讲求美观，而重点关注逻辑的正确性和信息的准确性。
- 大胆绘制图示并持续迭代。自己绘制图示时尤其需要大胆，拿出纸来画，就像你勇敢地站到黑板或白板前开始画一样。你自己绘制的图示可能并不完善，需要多次迭代，但这正是你学习的机会。

绘制图示并不一定需要专用工具，你可以用纸笔绘制并拍照保存，可以用 PowerPoint、WPS、Keynote 等常用办公软件，也可以用 iPad 等平板电脑和触控笔来绘制。

学习时绘制的图示不需要精美，只要能清晰明了地展现信息即可。绘制学习图示时，你不要耗费时间将它制作成复杂的信息图，也不要像用多种彩色笔绘制精美手账那样做。

另外，命名其实也是一种可视化手段，你可以尝试为知识点命名。当你给事物命名后，它们就有了具体的形象。所以，当你写了列表、绘制了图示之后，尽量考虑为它们命名。一个命名的小技巧是，你可以尝试借用人名来将方法形象化，如本书中的"乔布斯的自行车""费曼的空白笔记本"等。

5. 写下你所学到的

写是将想法记录下来。当我们谈到写的时候，所指的不仅是抄录笔记、写作业、写作文或写论文，还指所有用自己的话将所学变成通顺易读的完整文字的动作。写是各种方法中的基础动作：

- 在德鲁克书面对照法中，写下预期结果并在完成后对照。写下来可以避免自己不自觉地更改最初设定的目标。
- 在用费曼技巧时，当你尝试向他人讲解时，建议你将讲解过程用列表形式写下来。你可以在列表上修订，再参照它重新讲解。
- 在公开练习中，将自己所学写成笔记并发布到网上。
- 在学习中，你会获得新信息、新想法，用自己的文字写下来能让它们真正成为你的想法的一部分。有时，写下来也是把不合适的想法清除出大脑的有效手段。
- 就某个主题撰写个人知识指南，将自己所学用多层级列表记录下来，并持续修订。

写下来的优点很明确。不少人会遇到"斐德洛的砖"故事中的困境：当任务是用 500 字描述小镇时，学生写不出来；当被要求从左上方的那块砖写起时，学生思如泉涌。我们可以用以下各种类似的技巧改善自己写的能力：

- 先写简要列表。即便时间有限，你也能轻松列出一个简短的列表，稍后再将它扩展成每个条目都带有解释的详细列表。

- 快写慢改。先在集中时段快速写出草稿，再随时慢慢修改。

- 写完整的片段。在写的时候，选择一个具体的小主题并将它完整地写下来，而不是列出松散的列表或记录下漫想。

- 用纯文字写。尽量避免采用图文结合的 PPT 形式。采用纯文字形式写，你可以在纸上直接记录，或者随时拿出手机用备忘录记录。

- 用新技术工具帮你写。如果你习惯于说，可以将自己的想法录成语音备忘录，然后将录音转换为文字，并用 AI 将它转换为列表或文章。

- 用新技术工具帮你改。比如，可以让 AI 分析草稿并提出修改建议。

6. 将你学到的教给别人

你可以用很多方法将你学到的教给别人：给别人讲、给别人示范、写博客与录制视频、做一个演讲分享、真正讲一堂课等。教别人不仅是知识输出，至少还能从如下两个方面让你有所得：作为教的人，你会更严谨地审视自己所学；教的时候，你有一个明确的目标对象，更容易展开讲述。

但有一个问题是，我们从哪里找到这个"别人"来教？你可以这样做：

- 教你自己。无论你跟自己说什么，自己都会耐心听，是一个好学生。你可以再进一步：教给以前不知道这个知识点的自己，教给以后有点遗忘了这个知识点的自己。

- 教小黄鸭。《程序员修炼之道》的作者大卫·托马斯使用的技巧是讲给小黄鸭听，就是那种小朋友洗澡时放在澡盆里的小黄鸭，你可以想象它在水里点头。此外，教你的小狗、泰迪熊或凯蒂猫也不错。
- 教你的同学或同伴。确保你在某个细小的主题上真正精通，热情地将它教给你的同学或同伴。尝到甜头后，你会有动力把另一个细分主题钻研透。
- 教网上的人。例如，网上有很多对你选的主题不了解但有兴趣的人，你可以通过写介绍性文章或教程来教他们，也可以录制一个讲解视频。
- 教 AI 聊天机器人。你把 AI 聊天机器人设定成学生，然后你这样做：你给它讲，然后问，这儿讲明白了吗？你也可以让它回答问题（它可能会答错，你也可以指示它有意答错），自己作为老师来评判它的回答。

"用教来学"的一个实用建议是：作为教的人，你要像老师一样认真地写讲义，在讲之前至少要写下一个较为详细的列表。

7. 识别最适合自己的学习方式

本书讨论的学习方法可能有一半人看着觉得特别适合自己，另一半人看着觉得不适合自己。[⊖]如果你是后者的话，感谢你能坚持

⊖ 对后者我想说的是，至少你在尝试了解与你的风格、经验完全不同的学习方法。我们与你一样，也尝试过很多种学习方法，其中有些非常适合自己，有些则完全是浪费时间和精力，最终我们掌握了一些学习方法，并形成了你看到的穿透学习法。希望这组学习方法以及我们探索路上的经验教训能帮到你。

读到这里，你也因此了解到一类侧重深度阅读和写作、强调运用新技术工具的结构化学习方法。穿透学习法巧妙地以知识大纲为一次主题学习过程的抓手，让你能快速、轻松地达成学习目标。[⊖]

最后，一个重要的学习技巧是：认识最适合自己的学习方式，并搭配出适合自己的学习工具组合。你可以拿出一张纸，先回答如下问题（你可以自行补充）：

- 我内在的学习动力是什么？
- 我最喜欢的学习方式是什么？
- 我最有成效的学习方式是什么？
- 我最有成就感的一次学习体验是什么？
- 我最有挫败感的一次学习体验是什么？
- 我擅长的学习方法有哪些？
- 我最想（却未能）掌握的学习方法是什么？
- 关于学习，当下最让我担心的事是什么？

这些问题会让你了解到自己是如何学习的。你还可以请老师、朋友帮忙看一下你的回答，了解他们对你的学习方式的看法与建议。在自我测试之后，我们建议你从如下三个方面来思考你的学习方

⊖ 这里我们用了知识大纲是"抓手"这个类比。让我们看看皮克斯联合创始人艾德·卡特姆的一个形象化比喻"箱子和把手"：一只老旧而笨重的箱子，箱子上磨损的把手只靠几根线勉强相连。卡特姆指出，很多人会犯一个错误："我们往往只顾拎起把手就走，却没有意识到箱子被落在了身后。说到底，拎把手要比拎箱子省力多了。"是的，虽然穿透式学习法强调知识体系，但我们要的不是"把手"，而是"整个箱子"。

式，其中"听说读写"的分析来自管理学家德鲁克，而技术工具则是我增加的。

- 你如何吸收信息？你主要通过听获取信息，还是通过阅读获取信息？德鲁克以美国前总统为例指出，艾森豪威尔和肯尼迪擅长通过阅读来获取信息，而接任肯尼迪的约翰逊擅长通过倾听来获取信息。你可以这样自测：你是看视频课学习效果好，还是读书学习效果好？
- 当你对外传递信息时，你是擅长用说，还是擅长用写？有人只有在交谈时，才有新想法冒出来，而有的人看起来擅长说话，但实际上是通过写。比如，通用汽车的传奇 CEO 斯隆在会议后会"思考会上讨论的内容，然后以书面形式记下来"。
- 你倾向于使用新技术工具，还是使用更传统的工具？比如，你记笔记喜欢用本子，还是用电脑？（请注意，这两者并没有优劣之分。）我们的建议是，你应该尝试各种新技术工具，因为适合你的学习方式的新技术工具能让你的学习效果大幅提升。

我们应该持续反思自己的学习方式，选择合适的方法与工具，从而持续提升自己的学习能力。

本章要点

- 穿透学习法的"吸附框架"是由四个步骤组成的循环：学习—验证—扩大—惊人。
- 可用于吸附框架的 7 种实用技巧是：①用思维导图梳理和呈现；②写子弹式列表；③运用"一页纸魔法"；④将知识点变成图

示；⑤写下你所学到的；⑥将你学到的教给别人；⑦识别最适合自己的学习方式。

「 现在就行动吧！」

- 高效学习的一个策略是采用各种方法将"外部的知识变成自己的知识"，将它们"占为己有"。关于如何做，你可以参考本章中的"列表"，并在后面增加自己特有的技巧。

- 同时，请你这样做：在读完这本关于穿透学习法的书之后，你已经将书中的哪些东西变成自己的了？你准备在未来的一年将书中的哪些东西变成你自己的？请现在就动手把这两个列表写下来并分享。

穿透学习法青少版

青少年也可以运用穿透学习法中的各种方法，快速、集中、学透一个主题，并可以将它用于学科课程学习、兴趣知识学习、技能学习、工具使用学习等场景。

1. 制作费曼空白笔记本

针对自己学习的主题，用费曼空白笔记本方法制作一本"空白书"。拿出一本 64 页的薄笔记本，在封面写下标题，在第一页写下知识大纲作为目录，每个一级条目就是一章。在之后的每一页写一个条目名，包括一级、二级、三级。

此后，用此笔记本作为主题学习的索引。你还可以综合运用费曼技巧与康奈尔笔记法：采用费曼技巧，用 3 分钟为别人做一次讲解；按康奈尔笔记法将每一页划分成三部分，即左侧线索栏、右侧笔记栏、下方总结栏。

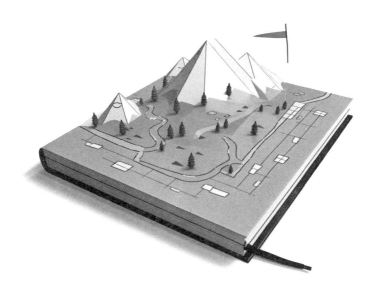

2. 用深度复制五步先学懂 70%

选择一个作为课本的资料，如教材的数个章节。学习目标是掌握
其知识框架并学懂 70% 的知识点。预期学习成果是，重新组合课
本的内容并用自己的话讲解。

- 精读：精读每个字、每一页。
- 重做：重做课本中的讲述、推理与公式。
- 重制：重制课本中的图示、图表。
- 重编：将内容分为一组模块，一个模块对应一个知识点。
- 重讲：用自己的话讲解每一个知识点。

3. 用冲刺学习法一周学透一个主题

假期时，可用冲刺学习法在一周内集中学习某一个主题知识，也通过它了解如何系统地完成一次学习闭环。

- 周一：整体了解。大致了解这个主题的知识框架。
- 周二：详细探索。逐个学习各部分，找到自己感兴趣的点。
- 周三：学习重点。针对你最想深入的部分进行学习。
- 周四：加深理解。完成练习或项目，应用前一天学到的知识。
- 周五：分享与反馈。正式向家长或朋友介绍你这一周学到的。

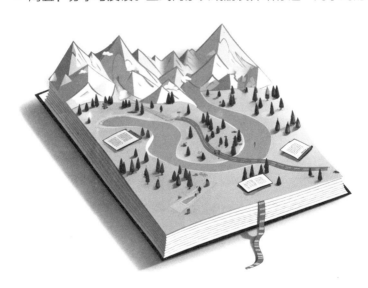

4. 用冲刺读书法快速阅读

用冲刺读书法深入阅读书的一个章节。在一周内读 5 遍以上，并完成一篇介绍其主要内容的笔记。

- 第一遍：用"图文漫步"方式浏览，主要看章节标题、粗体字、图片、图片说明文字等。
- 第二遍：编制章节的大纲，包括一级条目和二级条目。
- 第三遍：逐字精读，在书上做标记、摘录与笔记。
- 第四遍：针对重点内容深度阅读，并查阅相关资料。
- 第五遍：将大纲、标记、摘录、笔记整合成详细大纲，并根据该大钢再次略读。

最后，把书收起来，根据详细大纲写一篇介绍这个章节的笔记。

5. 学习软件功能并教会他人

你的任务是学习一项软件功能：自己学会实际使用，并教会他人。假设你要学习的是把普通的文档变成像 PPT 一样的幻灯片。在飞书文档、Notion 笔记（需使用插件）软件里你都可以这么做。以飞书文档为例，学习步骤如下：

- 初步了解：切换到"演示模式"，它又分为文档模式和幻灯片模式。
- 尝试使用：一级、二级标题等会被自动分页，试着在文档里添加标题并查看幻灯片演示。
- 实际运用：找一篇文章或学习资料，切分知识点、添加图片，让它能像幻灯片一样演示。
- 教会他人：写下你如何做的步骤，附上截图，把这种方法教给你的同学。

6. 通过向 AI 提问来学习

学习使用基于大语言模型的 AI 工具（AI 聊天机器人、AI 助理等）。了解它们的工作原理，并学会通过向它们提问来学习。请注意，向 AI 提问应配合资料阅读、搜索引擎来使用。并且，你必须仔细核查 AI 回答的准确性。你可以这样提问：

- 请为我解释一个概念。
- 请指出如下内容中的错误。
- 就这道题与答案，请给出更好的解法。
- 就 × × 主题，请出一道题考考我。
- 现有一个想法如下……请给出五个新的创意。

7. 用 AI 做刻意练习的一对一导师

刻意练习包括 3 个 "F"：专注 (Focus)、反馈 (Feedback) 与纠正 (Fix)。例如，你可以像富兰克林那样用刻意练习以改进写作：先专注地阅读一篇优秀文章，然后自己重写这篇文章，找到自己与原文的差距并加以改进。

你可以用 AI 助手来做你的一对一导师，帮助你刻意练习。以练习英语会话为例：

- 让 AI 向你提问，你回答。AI 继续问你，你们继续对话。
- 让 AI 告诉你哪里说错了或者怎么说更好，你再试着回答。
- 让 AI 识别你的不足之处并提出特定问题，让你重复练习。

8. 用批判性思维框架提问

面对一个观点，你可以使用如下批判性思维检查列表来帮你提出好问题：

1. 论题：讨论的主题是什么？
2. 结论：结论是什么？
3. 理由：为什么这样说？
4. 词义：关键术语是什么？
5. 假设：这个回答假设了什么？
6. 论证：是怎么支持这个结论的？
7. 证据：是用什么事实或数据来支撑的？
8. 替代原因：还有其他可能的解释吗？
9. 数据：这些数据来源于哪里，可靠吗？
10. 是否遗漏信息：是否有重要信息没有考虑到？
11. 是否有其他结论：从某个角度看，会有什么不同的结论？

9. 编写一个主题的个人知识指南

学习一个主题后，编写一份关于它的个人知识指南，长度为
1～2页，总结你学到的知识点。步骤如下：

- 写下标题："关于_____的完全指南"。
- 用层级式大纲写内容。一级条目是重要知识点，二级条目是细分知识点。三级条目包括推导过程、操作步骤、检查列表等。
- 每个条目均包括一个标题和一句解释。
- 对条目进行编辑，如调整逻辑关系、修改表述，并尝试向他人讲解。
- 在截止日期前完成第1版并分享给同学。

人人都可以成为学习高手

谷歌和美国国家航空航天局（NASA）曾联合创办了一所名为"奇点大学"的研究机构，每年召集近百个全球"最聪明的大脑"，每个学员要在这里建构一个"影响 10 亿人生活"的课题，制订计划并迈出行动的第一步。

虽然绝大多数人成不了这样的"天选之子"，但站在巨人肩膀上能望得更远是毋庸置疑的。如果说 ChatGPT 是当下最热门的"影响 10 亿人生活"的伟大发明之一，那么，我们借助这一工具，如何将自己的学习效果提升 10 倍这件事，就显得非常实际也非常有必要了。

《重新学会学习：善用 AI 新工具 10 倍提效》就是这样一部关于如何将学习效果提升 10 倍的攻略。它主要解决三个问题：第一，我们到底应当如何通过学习正确参与到新一轮科技革命中？第二，如何才能真正用好新技术工具，将我们的学习和工作效果提升 10

倍？第三，如何将学习所需的时间缩短至原来的 10%？

我和方军自 2003 年就开始神交，他当时主持着一个有许知远、吴晓波等老师参加的群体博客"思维的乐趣"，而我联合管清友博士等好友开了一个群体博客"经济乌托邦"。后来方军加入互联网行业，我则在一家知名媒体做财经人物记者。后来在堪称中国移动互联网爆发元年的 2013 年，我们在北京同一间办公室工作过一段时间。过去 10 年，我创业做青少年创新教育，方军则成为新技术的布道者。

我们俩有一个共同的特质，那就是都是物理学家理查德·费曼的超级粉丝，我们也都是费曼学习法的深度践行者。现在终于有机会合作这部作品，和大家分享我们关于学习这件事的系统思考和实践案例。

如果将学习简化为三个境界——学会记忆、学会理解、学会创造，那么费曼学习法的厉害之处在于，它穿透这一金字塔，将知识变成见识，使创新成为一种可能。如果你不断实践费曼学习法，同时又借助了 AI 工具，那么不仅仅能得到效能提升或微创新，还能让突破与创造成为一种必然。

《重新学会学习：善用 AI 新工具 10 倍提效》的底层逻辑正在于此：将学习这件事的逻辑与路径梳理成哪怕中小学生也能看得懂的图谱，让被动学习者有章可循，让主动学习者如鱼得水，更让对学习保有热情或重燃热情的每一个人都能够不断突破与自我超越。

写完本书后，我和方军老师半开玩笑半认真地说，我很想穿越回唐朝，告诉韩愈，他的"书山有路勤为径，学海无涯苦作舟"的精神激励了无数的后人。是的，1000 多年后，学习真的可以苦中作乐甚至自得其乐了。

这便是正在发生的未来——人人都可以成为学习高手，甚至轻松成为学习高手。学习的过程也变得更有趣，并且每个人都可以找到适合自己的学习风格与方式。比如，如果你是一个中学生或大学生，你可以让 AI 将复杂的原理用一个又一个形象的比喻说明，使你"醍醐灌顶"；如果你是一个成年人，你可以用最小可行产品（MVP）这种你熟悉的模型，让学习变成你习得的一种优势。

有人说，你这是高估了技术的力量，而我想说，这其实不是首要问题，也不是核心问题。核心问题是，就像很多人勤劳而不富有一样，为什么很多学生勤奋而不卓越？读完本书，你会发现我们用建设性方式回答了这一问题。

在问题的价值远远大于答案的时代，我们用一部简明的"学习攻略"，启发你参与到重新定义学习的行列中来。本书的颗粒度很细，但每个章节都非常硬核，相信能够引发你的共鸣。

现在，让我们真正开启面向未来的学习，成为"10 倍学习效果"的同行者吧！

张华

推 荐 阅 读

付费

作者：方军 ISBN: 978-7-111-56729-5 定价: 59.00元

关于互联网知识付费的首部作品。知识工作正在被重塑，知识经济正在开启互联网时代下半场，为你展现互联网知识经济全景大图，解读新物种的前世今生。荣获CCTV2017年度中国好书。

知识产品经理手册

作者：方军 ISBN: 978-7-111-59744-5 定价: 59.00元

CCTV2017年度中国好书《付费》姊妹书，每一位知识从业者必备的产品指导书，精准解读知识产品的内在逻辑，快速提升产品经理的核心技能，打造爆款产品的精准方案。

穿透式学习

作者：方军 ISBN: 978-7-111-64912-0 定价: 69.00元

一位互联网时代的资深学习者的经验之谈，3大穿透式学习思维，16个实用指南型工具，告诉你如何快速、高效学习，跨越知识与实践的鸿沟，迅速成长为职场精英。

元宇宙超入门

作者：方军 ISBN: 978-7-111-70137-8 定价: 69.00元

我们每天都在数字化生活之中。元宇宙，是数字化经济与生活的终极形态。资深互联网观察者、技术专家方军为你解析元宇宙的七大基石，助你赢在第四次数字浪潮。有人想去火星，我们移民去元宇宙。

推荐阅读

读懂未来前沿趋势

一本书读懂碳中和
安永碳中和课题组 著
ISBN：978-7-111-68834-1

双重冲击：大国博弈的未来与未来的世界经济
李晓 著
ISBN：978-7-111-70154-5

一本书读懂 ESG
安永 ESG 课题组 著
ISBN：978-7-111-75390-2

数字化转型路线图：智能商业实操手册
[美] 托尼·萨尔德哈（Tony Saldanha）
ISBN：978-7-111-67907-3